Systematization of
Administrative Law:
History and Reality

本书系国家社会科学基金项目"法治政府
建设视野中的无效行政行为认定研究"
（22BFX032）的阶段性成果

行政法的体系化：
历史和现实

严益州　著

WUHAN UNIVERSITY PRESS
武汉大学出版社

图书在版编目(CIP)数据

行政法的体系化：历史和现实／严益州著. -- 武汉：武汉
大学出版社，2024.10(2025.10 重印). -- ISBN 978-7-307-24558-7

Ⅰ.D912.101

中国国家版本馆 CIP 数据核字第 2024Q4T555 号

责任编辑:陈　帆　　责任校对:杨　欢　　版式设计:韩闻锦

出版发行:**武汉大学出版社**　（430072　武昌　珞珈山）

（电子邮箱:cbs22@whu.edu.cn 网址:www.wdp.com.cn）

印刷:湖北云景数字印刷有限公司

开本:850×1168　　1/32　　印张:7.375　　字数:145 千字　　插页:1

版次:2024 年 10 月第 1 版　　2025 年 10 月第 3 次印刷

ISBN 978-7-307-24558-7　　定价:36.00 元

目　　录

导　　论

　　行政法的体系化是永无止境的时代任务。体系化的首要目标是提升行政法的形式理性，这一过程包括从具体事实中抽象出核心概念，利用这些概念对繁杂的行政法规则进行归纳和整合，并确保不同法律规则之间的相互关联，形成条理分明和井然有序的规则体系。这样的体系化处理，能够显著增强行政法的客观性和科学性，令行政领域的法律规定得到相对清晰的理解和适用。系统性的逻辑演绎使得行政法实现学科上的独立自主，令其不仅能与行政学、经济学和社会学等非法学学科区分开来，而且能与宪法、民法和刑法等法学学科明确界限。尽管行政法的体系化融入了价值判断，但是它依然需要依靠具备形式理性的逻辑结构来展现其精神内核。只有当这套规则在技术层面上是清楚且协调一致时，行政法才能够有效地向生活世界输出内在价值，形成更公正合理的实践结果。通过不断推进行政法的体系化，可以为行政活动提供坚实的概念基础和规范框架，确保行政行为始终在法治的轨道上理性运作。这种努力有助于抑制行政机关的主观任意性，确保执法过程的标准化和执法尺度的一致性，引导开放社会中的公民对自身权益的维护形成稳定预期。形式理性的建构，不仅是对内部逻辑的整饬优化，而且也是对外部治理的科学回应。

除形式理性外，行政法的体系化还需要增进实质理性。行政法的体系建构根植于法价值，反映出"正义的一般化趋势"。①在行政法的体系化进程中，法的正义性要求立法者和执法者有义务作出融贯自洽的评价结论，尽可能实现对相同问题进行相同评价，对不同问题根据其差异程度进行区别评价。这种体系思维强调从规范和事实中提炼出普遍性的原则，通过这些原则保证法秩序不会被裂解成大量孤立且无关联的个案判断。形式逻辑的探索和应用只是体系化的中间阶段，实质价值的发掘和实现是更为关键的体系化环节。行政法的实质理性关注不同评价之间的协调性以及评价内部的关联性，其通常只能通过深层次的价值判断来把握。行政法的体系建构在本质上是价值导向的思考论证。所有的行政法规范均服务于若干核心价值，而这些价值不仅支撑整个行政法体系，而且在相互补充和制约的动态沟通中展示其意义内容。由于法价值在形式结构中不断被具体化，行政法得以超越表面的逻辑自洽性，实现真正的目的统一性。当然，贯彻实质理性并不是将行政法固定在静态的价值序列上，而是要不断实现其在基础价值判断上的稳定性与持续

---

① Eberhard Schmidt-Aßmann, Das allgemeine Verwaltungsrecht als Ordnungsidee, 2 Aufl., Berlin und Heidelberg 2006, S. 1.

性。通过这种方式对行政法进行体系化，可以有效解决行政领域内的矛盾与冲突，发挥其矫正作用，从而使得行政法更易于被理解、接受和信赖。

行政法的体系化涉及很多复杂问题。本书将重点关注中国行政法体系化面临的两个核心问题：一是行政法法典化。法典化是推动行政法体系化的关键途径。通过法典编纂，可以明确行政法的调整范围，形成统一的法律术语，确保法律规范的编排符合体系要求，克服单项规则之间的矛盾和冲突，实现法律体系的统一性。然而，行政法法典化在我国面临重大争议，主要因为行政法的调整范围广泛、规范性质复杂以及规范变动频繁，而这些特点使得法典化的路径抉择充满挑战。二是行政行为和民事法律行为的关系。在我国，行政法建立在公法与私法二元区分的基础上，其中行政行为处于核心位置，被视为行政法体系的"阿基米德支点"。随着现代社会中公法与私法的深度融合，行政行为和民事法律行为交织耦合的现象日益增多。这种新局面要求行政法学界对传统的行政行为理论进行重新审视和调整，并相应地对法律体系进行改革。妥善处理行政行为和民事法律行为的关系，对于构建一个科学合理的行政法体系至关重要。

为了更好地解决中国问题，本书选取德国法作为参照。德国行政法作为大陆法系中的法律典范，以其缜密的逻辑结构、丰富的理论积累和精细的制度设计而闻名于世，这些特点源于其长期的体系化建设。在百年的发展历程中，德国行政法已形成高度成熟的法律体系，这对我国行政法的体系化具有重要的借鉴意义。然而，研究德国法的目的并非为了简单复制其既有成果。诚如德国学者艾伯哈特·施密特·阿斯曼（Eberhard Schmidt-Aßmann）所言，法律移植的观念已显过时，现代的行政法比较研究应当转向各国间的共同学习，探索解决问题的相似性，寻找不同法律体系间思维的碰撞，以及反思各自制度选择的依据。① 对于我国当前的行政法研究而言，更为关键的任务是深入考察德国行政法体系形成的原因，包括理论演进和实践选择等方面。详尽的脉络性分析有助于我国正确借鉴德国法的有益经验，避免重蹈域外法制已经出现的弊端。通过对德国行政法演变的综合审视，我们不但能充分识别促进体系建构的关键因素，而且可以及时发现导致体系失败或产生不良体系效应的重要原因。这样的理论认知使我们在构筑中国行政法体系时能够更加谨慎和精准，确保体系化成果能够满足现实需求和适应本国国情。

在体例安排上，本书分为四章。第一章探讨行政法典建构的宏观图景，强调行政法体系化的核心任务是实现法典化。法典化的成功与否，在宏观层面上取决于选择何种法典化模式。历史上，德国曾出现行政法总则法典化、行政程序法典化与去法典化三种主要路径。当时，德国理论界大多反对法典化，而

---

① Vgl. Eberhard Schmidt-Aßmann, Verwaltungsrechtliche Dogmatik, Heidelberg 2013, S. 27.

实务界普遍支持法典化。经过讨论与权衡，德国立法者最终采纳了行政程序法典化这一中间路径。1976 年颁布实施的德国《联邦行政程序法》是立法技术持续优化与各方利益不断妥协的结果。对于我国当前激烈进行的行政法法典化讨论而言，德国经验提供了重要启示。法典化虽然至关重要，但必须与国内的体系建构能力及具体实践需求相匹配。盲目推进法典化不仅可能导致理论体系紊乱，而且会给实务操作带来障碍。因此，本书在借鉴德国经验的基础上，建议我国在行政法的法典化进程中应采取审慎态度，确保法典化策略既符合国内法治发展的实际情况，又能顺利实现行政法体系的理性化和科学化。

第二章探讨行政法典建构的微观镜像，聚焦于如何在微观层面实现行政法法典化。法典化过程中最为复杂和最具挑战性的部分是如何具体落实行政法的体系化成果。在这一章中，本书特别选取无效行政行为认定作为切入点，详细讨论这一议题在行政法法典化中的体系定位和处理方式。关于无效行政行为认定，我国目前采取的重大且明显违法标准源自德国法上的明显重大说。除明显重大说外，德国行政法学界还存在意思形成说、违法即无效说、个案式利益衡量说、客观重大说等对立见解。在行政法法典化的过程中，德国立法者最初采用明显重大说主导的统一模式，但是最终选择明显重大说和客观重大说并用的混合模式。本书认为混合模式存在显著弊端，特别是牺牲了概括规定与列举规定之间的积极融贯性。鉴于此，我国在无效行政行为立法时，应采用重大且明显违法标准主导的统一模

5

式。这种模式可增强行政法体系的融贯性，提高法典化的整体品质。

第三章探讨行政行为和民事法律行为的纵向协动，这对于实现行政法体系化至关重要。在日益复杂的现代社会中，行政法领域经常出现公法与私法垂直耦合的现象，其对行政法体系的稳定性产生了冲击。双阶理论作为处理此种垂直耦合现象的经典学说，主张将复杂的生活关系纵向拆解为不同的阶段，每个阶段分别适用不同性质的法规范，并采取不同属性的行为形式。这一理论在德国行政法体系中极具影响力，为理解和处理公法与私法的交叉问题提供了独特视角。本书将详细考察双阶理论在德国行政法中的发展历程及其争议焦点，为读者提供全面的理论解析。同时，本书以政府采购为例，剖析双阶理论在中国行政法上的适用可能性，旨在展示该学说在本土法治环境中的应用价值。中国行政法的体系建构不应局限于封闭的理论框架，而应积极整合各种可用的法律机制，以更灵活有效的方式应对新时代的问题。双阶理论的引入为开放性的体系建构提供了理论支撑，能够有效促进行政法体系朝更成熟的方向发展。

第四章探讨行政行为和民事法律行为的横向协动，这是行政法体系化中的另一关键领域。除垂直耦合外，公法和私法在同一生活关系中可能出现水平关联。此种水平关联的典型代表是私法形成性行政行为，即基于法律规定直接引起私法关系产生、变更和消灭的行政行为。在德国法上，此种行政行为曾引发广泛的正当性讨论，其主要涉及国家管制与私法自治之间的关系。在中国，行政法学界对私法形成性行政行为的研究尚显不足。长期以来，民法学界围绕未经批准的民事合同效力问题展开的争论，实际上涉及私法形成性行政行为的法律适用。从行政法的角度分析这一民法难题，可以提供更合理的解决方案。这种跨法域的协调与融合，有助于我们深刻理解中国行政法体系化在当前阶段所面临的现实挑战，激励我们以更开放和多元的心态推动中国行政法学的现代化。

第一章
行政法法典建构及其论争的宏观图景

法典化关乎行政法体系的内涵塑造。在宏观层面，德国行政法法典化的路径抉择曾引发广泛争议，其涉及行政法总则法典化、行政程序法典化以及去法典化三种不同模式。在联邦政府的推动下，德国立法者最终选择了行政程序法典化这一中间道路，并陆续推出了多个版本的《行政程序法草案》。1976 年德国《联邦行政程序法》的最终颁布和实施，标志着立法技术的不断优化和各方利益的平衡妥协。当前，我国正在推进行政法法典化，并在路径抉择上存在较大分歧。本书将深入分析德国《联邦行政程序法》源流发端、意见纷争与形成经过，旨在揭示德国曾面临的挑战和作出选择的原因，从而建立历史与现实对话的基础，助力我国在行政法法典化的道路上作出更为明智的判断。

一、 早期探索：行政程序与行政诉讼"一体"到"分离"

（一）帝国时代行政程序与行政诉讼完全不分

1848 年革命后，理性主义与自由主义渐成德意志各邦国的主流思潮。这一思潮既要求经济自由化，也要求行政法治化。①

———

① Vgl. Michael Stolleis, Geschichte des öffentlichen Rechts in Deutschland II, München 1992, S. 381.

1865 年，卡尔·弗里德里希·冯·格伯（Carl Friedrich von Gerber）旗帜鲜明地指出："若要让法治国的概念存在现实意义，必须在行政领域制定越来越多的规范，从而使（行政机关）恣意妄为的土壤不复存在。"①关于立法模式的选择，弗里德里希·弗朗茨·迈耶（Friedrich Franz Mayer）认为，虽然德意志各邦国法律林立，但是抽象出一般意义上的行政法原则并创设"共同的德意志法"仍具有可能性。② 不过，同时代学者洛伦兹·冯·施泰因（Lorenz von Stein）认为，行政活动纷繁复杂，行政法不可能像民法一样实现法典化，当下唯有在各个部门行政领域制定单行法。③ 1895 年，奥托·迈耶（Otto Mayer）出版《德国行政法》一书，创设影响至今的行政行为理论，目的正是让行政法学真正独立，避免其成为国家学的附属品。至于能否通过行政行为的构建促成现实层面的行政法法典化，迈耶对此表示怀疑。④

尽管理论界意见不一，德意志帝国所属的普鲁士邦国仍然率先尝试行政法法典化，于 1883 年颁布《普鲁士一般行政法》。⑤ 该

---

① Carl Friedrich von Gerber, Grundzüge eines Systems des deutschen Staatsrechts, Leipzig 1865, S. 233.

② Vgl. Christian Starck, Verfassungen, Heidelberg 2009, S. 53 f.

③ Vgl. Lorenz von Stein, Verwaltungslehre（Teil 2）, Stuttgart 1866, S. 92 f.

④ Fritz Werner, Gutachten 43. DJT, Tübingen 1960, S. 25, S. 31.

⑤ 为安抚原诸侯国的政治势力，1871 年新建立的德意志帝国实行联邦君主制，允许原诸侯国在一定条件下保留自己的君主政府和议会。这部 1883 年制定的《普鲁士一般行政法》不适用于德意志帝国全境，只适用于原普鲁士邦国所属各省。

法由两部分组成：前一部分为行政组织法内容，规定的是省政府、大区政府与市镇政府的组织与职能；后一部分为行政程序法内容，规定的是行政决议程序、行政争议程序与行政执行程序等特殊的行政程序。其中，行政决议程序是指省参事会、大区委员会或市镇委员会以合议制形式作出重要决定的程序。[①]行政争议程序是指行政复议程序与行政诉讼程序。换言之，这部法律既没有对行政机关从事一般行政活动所应当遵循的普通程序有所规定，也没有将行政程序与行政诉讼进行区分。[②]并且，行政争议程序是《普鲁士一般行政法》指称的"行政程序"最核心的部分。之所以会产生上述立法构造，其原因在于，19 世纪的普鲁士行政法院属于自治行政的一部分，大区委员会或市镇委员会本身也承担"行政法院"的审判职能(事实审)，所以司法机关与行政机关不能被截然划分。[③]应当看到，19 世纪的德国法学界真正最关心的问题其实并不是行政机关在行使职权时所应遵守的法定程序，而是如何对行政机关违反行政实体法的行为进行监督控制。正是在这一思维的影响下，行政领域一般性立法的重点必然会围绕权利救济而展开，并呈现出"轻(普

---

① Vgl. Hans Julius Wolff, Verwaltungsrecht III, München 1973, S. 297.

② Vgl. Eberhard Schmidt-Aßmann/Ann-Katrin Kaufhold, Der Verfahrensgedanke im deutschen und europäischen Verwaltungsrecht, in: Andreas Voßkuhle/Martin Eifert/Christoph Möllers (Hrsg.), Grundlagen des Verwaltungsrechts, Band II, 3. Aufl., München 2022, § 27 Rn. 5.

③ Vgl. Walter Jellinek, Verwaltungsrecht II, 2. Aufl., Heidelberg 1929, S. 88.

通)程序、重司法审查"的状态。①

(二)魏玛时代行政程序与行政诉讼逐步区分

"一战"结束，帝国覆灭，共和国建立。1919 年，出任共和国内政部行政改革国务委员的比尔·德鲁斯(Bill Drews)力主将行政程序与行政诉讼区分，并主持起草了《行政决议法草案》与《行政法院法草案》。然而，以格哈德·安舒茨(Gerhard Anschütz)为代表的德国主流公法学者仍然认为，行政法院本质上是组织意义上的行政机关，行政程序与行政诉讼不能截然分开。② 最终，上述两项法律草案未能在魏玛国会获得通过。③

1926 年，图林根州颁布《图林根州行政法》。这部法律的内容仍然由行政组织与行政程序两部分组成，并且依旧将行政诉讼纳入行政程序，但是这部法律在"行政程序"部分单独创设行政机关一般适用的"普通程序"一章，并对管辖、传唤、言辞辩论、期限、行政行为告知和法律救济途径告知等程序性事项作

---

① Vgl. Hans Schmitt-Lermann, Der Musterentwurf eines Verwaltungsverfahrensgesetzes, JZ 1964, S. 403.

② Vgl. Hans Carl Nipperdey (Hrsg.), Die Grundrechte und Grundpflichten der Reichsverfassung I, Berlin 1929, S. 132f.

③ Vgl. Kurt Gustav Jeserich/Hans Pohl (Hrsg.), Deutsche Verwaltungsgeschichte V, Stuttgart 1987, S. 1164.

出了一般性的规定。① 同时代学者瓦特·耶利内克（Walter Jellinek）肯定了创设普通程序的必要性。② 他指出，相对于行政决议程序、行政争议程序与行政执行程序这些特殊问题，负担行为的说明义务、听审权、禁止偏袒、禁止职权代理等程序性规定具有重要的独立性。③

1931 年，符腾堡州分别公布《符腾堡州行政程序法草案》与《符腾堡州行政法草案》。这两部法律草案彼此独立。前一部草案以行政程序作为立法对象，区分"行政机关适用的程序"与"行政法院适用的程序"，并尝试对这两种程序所涉及的告知、期限、传唤、举证、费用、言辞辩论与滥用职权等问题作出一般性的规定。④ 后一部草案将行政实体法内容作为立法对象，包括总论（主要内容为行政行为、公法上的意思表示、行政合同、代理与除斥）、公法人、公有物与公法之债。⑤ 对于这两部

---

① Vgl. Wagner Knauth, Die Neuordnung der Verwaltung in Thüringen, AöR 1928, S. 94 ff.

② Vgl. Eberhard Schmidt-Aßmann/Ann-Katrin Kaufhold, Der Verfahrensgedanke im deutschen und europäischen Verwaltungsrecht, in: Andreas Voßkuhle/Martin Eifert/Christoph Möllers（Hrsg.）, Grundlagen des Verwaltungsrechts, Band II, 3. Aufl., München 2022, § 27 Rn. 8.

③ Vgl. Walter Jellinek, Verwaltungsrecht, Band II, 2. Aufl., Heidelberg 1929, S. 279.

④ Vgl. Kurt Gustav Jeserich/Hans Pohl（Hrsg.）, Deutsche Verwaltungsgeschichte V, Stuttgart 1987, S. 1165.

⑤ Vgl. Leopold Hegelmaier, Verwaltungsrechtsordnung für Württemberg, Stuttgart 1936, S. 107.

15

草案，耶利内克盛赞道："若草案得以通过，符腾堡州将骄傲地发现，它会引领全国。"①可惜，纳粹攫取魏玛政权后，各州行政法法典化进程陷入停顿，符腾堡州的两部行政法草案不了了之，并未成为正式的法律。②

（三）联邦德国初期行政程序与行政诉讼彻底分离

1949 年，联邦德国建立。基于纳粹时期的惨痛教训，联邦德国将重建行政法院、恢复对行政行为的司法审查作为建政后的首要政治任务。③《基本法》第 72 条第 1 款与第 74 条第 1 款第 1 项明确将"法院组织"与"司法程序"纳入联邦和州共享的竞合立法权范畴，并且赋予联邦优先立法权。换言之，联邦有权制定联邦与州统一适用的行政诉讼法。正因为政治上的高度重视，由联邦政府组织起草的《行政法院法政府版草案》于 1953 年便被正式提交联邦众议院审议，并于 1959 年分别获得联邦众议院与联邦参议院表决通过。

由于纳粹时代行政权力严重扭曲了司法权力的功能与地位，《基本法》的制定者有意将行政机关适用的行政程序与行政法院

---

① Walter Jellinek, Zum Entwurf einer Verwaltungsrechtsordnung für Württemberg, AöR 1932, S. 36.

② Vgl. Magnus Riedl, in: Klaus Obermayer/Roland Fritz (Hrsg.), VwVfG Kommentar, München 1999, Einleitung, Rn. 13.

③ Vgl. Carl Hermann Ule/Hans-Werner Laubinger, Verwaltungsverfahrensrecht, 4. Aufl., Köln 1995, §3 Rn. 4.

适用的行政诉讼明确区分。《基本法》第 19 条第 4 款确立了"司法国解决方案"，意即司法机关与行政机关截然不同，行政审判应当由法院独立进行。① 此时，联邦立法者将主要精力用于《行政法院法》的起草，这使得与行政诉讼立法彻底分离的行政程序立法相应延宕。不过，联邦立法者奉行"部分解决方案"，对部分迫切需要规范的行政程序问题制定单行法，比如 1952 年《行政送达法》、1953 年《行政执行法》。②

与赋予联邦立法者行政诉讼立法优先权不同的是，《基本法》的制定者基于纵向分权的考量，既没有将"行政程序"纳入联邦专属立法权范畴，也没有将其纳入联邦和州共享的竞合立法权范畴。因此在联邦德国早期的讨论中，联邦是否拥有制定《行政程序法》的立法权限，本身就是一个存疑的问题。③ 1957年，卡尔·赫尔曼·乌勒(Carl Hermann Ule)对联邦行政程序立法权限作出如下分析：其一，若行政程序的执行属于《基本法》第 86 条规定的联邦固有行政与《基本法》第 85 条规定的联邦委托行政，则联邦依"事物之本质"，理应对该行政程序拥有专属立法权。其二，依《基本法》第 84 条之规定，联邦若对州以执行联邦法律为其本身事务所适用的行政程序进行规范，需要得到联邦参议院的同意。与此同时，依照《基本法》第 83 条的规

---

① Vgl. Karl August Bettermann, VVDStRL 1959, S. 165, S. 181.

② Vgl. Fritz Werner, Gutachten 43. DJT, Tübingen 1960, S. 12.

③ 阿诺德·柯廷根(Arnold Köttgen)在 1952 年发表的《论行政程序作为联邦立法的对象》一文中，最早尝试对这一难题进行探讨。Vgl. Arnold Köttgen, Das Verwaltungsverfahren als Gegenstand der Bundesgesetzgebung, DÖV 1952, 422ff.

定，若州以执行州法律为其本身事务，那么联邦对此不得拥有
行政程序立法权限。其三，正因为上述限制，联邦虽然原则上
可以针对联邦固有行政和联邦委托行政，制定一般性的《行政
程序法》，但是不可能对州以执行联邦法律为其本身事务所适
用的程序进行统一规范。对于后者，联邦的立法权限需要依个
案被逐一判断，并且法案整体需要获得联邦参议院的同意。①
从乌勒的分析可见，联邦在行政程序立法问题上受到严格限制，
因此在实践操作层面，已不可能将行政程序立法与获得《基本
法》充分授权的行政诉讼立法合二为一。

　　正因为政治优先次序的不同与《基本法》制定者的有意区
分，行政诉讼终于从行政程序的概念中完全独立出来，行政程
序自此专指行政机关适用的程序。②未来的行政程序法典化，将
不再涵盖行政诉讼立法。

二、　路径抉择：　行政法法典化的必要性论争

（一）维也纳年会论战

　　1958 年，《行政法院法》的立法工作已经进入尾声。同年，

----

　　① Vgl. Carl Hermann Ule, Verwaltungsverfahren und Verwaltungsgerichtsbarkeit, DVBL 1957, S. 597ff.

　　② Vgl. Carl Hermann Ule/Hans-Werner Laubinger, Verwaltungsverfahrensrecht, 4. Aufl., Köln 1995, § 3 Rn. 4.

石勒苏益格-荷尔斯泰因州州长凯·乌维·冯·哈瑟(Kai-Uwe von Hassel)发表政府声明，宣布将"制定行政法总则"纳入执政纲领，并希望将目前杂乱无章的行政法规范体系化与统一化。①与此同时，柏林州(市)率先颁布实施《柏林行政程序法》，以实现统一行政法制、简化行政程序的目的。《柏林行政程序法》采用"总论—普通程序原则—要式程序的特别条款—行政复议程序"的体例结构。虽然这部地方性行政程序法典的立法技术粗糙，对于行政行为存续力和公法合同等重要的行政法问题没有作出相应规定，但是仍不失为德国行政程序法典化的重要尝试。② 为回应实务界高涨的行政法法典化呼声，德国国家法学者协会于1958年在维也纳举行年会(以下简称"维也纳年会")，将"德国行政程序法的起草"作为年会讨论的重点。在年会上，德国公法学者就行政程序立法究竟应采用法典化模式还是去法典化模式的问题，展开激烈论战。

在论战中，绝大多数德国公法学者主张采用去法典化模式。比如，卡尔·奥古斯特·贝特曼(Karl August Bettermann)认为受联邦制的制约，《行政程序法》的起草困难重重，仓促立法的恶果必然是将复杂的问题简单处理，以致损害公共利益与私人利益，所以现阶段更适合进行单行立法。恩斯特·福斯特霍夫

---

① Vgl. Walter Klappstein/Christoph von Unruh, Rechtsstaatliche Verwaltung durch Gesetzgebung, Heidelberg 1987, S. 93.

② Vgl. Kurt Gustav Jeserich/Hans Pohl (Hrsg.), Deutsche Verwaltungs-geschichte V, Stuttgart 1987, S. 1169 f.

（Ernst Forsthoff）对英国法与德国法进行比较，指出英国法是判例法，判例制度必须依靠程序来保障，所以正当程序原则在英国法上极其重要，但是德国法是成文法，其出发点是与实体法密切联系的"法的实现"，意即德国法律制度是在广义的范围内预先通过法律规则体系的设定而令自身获得保障，德国法上的程序与英国法上的程序不具有同等重要性。赫伯特·克格（Herbert Krüger）认为，现代国家不是单纯地制定法律，而是要积极地形塑社会，所以行政应当讲求效能。若强行要求行政活动符合某种固定的程序，势必影响行政效能的实现。卡尔·约瑟夫·帕切（Karl Josef Partsch）认为，目前很多行政法的基本问题没有厘清，制定统一的行政程序法的时机还未成熟。帕切甚至声称此时制定《行政程序法》的形势与萨维尼时代制定《民法典》的形势高度相似，并且提醒与会公法学者不要忘记萨维尼对仓促制定《民法典》的警告。[1]

在讨论中，仅有部分学者支持行政程序法典化。比如，乌勒提出，绝大多数程序性事项已经被实定法所规范，目前的主要任务是将散见于单行法中的程序性规定进行体系化处理，并将其统一到一部法律之中。乌勒进一步批判克格的"行政效能说"，认为克格将人民视作消极的客体，而不是积极参与行政程序的主体，而这与法治国的理念是相违背的。威廉·梅克（Wilhelm Merk）认为，基于法治国的要求，重要的行政程序问

---

① 　VVDStRL 1959, S. 118 ff.

题必须通过行政程序法典化方式解决，学术理论和司法裁判不能越俎代庖。黑尔弗里德·法伊费尔（Helfried Pfeifer）提出，行政程序立法有助于法律统一和行政简化，这对于公务员和人民而言都是有利的。法伊费尔同时指出，出于公共利益的需要，行政机关在实施紧急措施时本来就可以便宜行事，不必拘泥于固定程序，所以行政程序不可能妨碍行政机关行使职权。①

最终，维也纳年会多数意见还是认为德国尚不适宜制定统一的《行政程序法》，其主要理由是重要概念尚未厘清、联邦制过分掣肘、行政效能受到影响、人民权益会因为仓促立法而受到损害等。② 此次年会暴露出德国公法学者对于行政程序法典化的普遍消极态度。

（二）慕尼黑年会论战

维也纳年会论战的结果没有终结德国关于行政程序法典化的讨论。自 1958 年起，石勒苏益格-荷尔斯泰因州政府已开始全面进行《石勒苏益格-荷尔斯泰因州一般行政法》的编纂工作。③ 1960 年 2 月，联邦德国内政部公布《行政简化专家委员会

---

① VVDStRL 1959，S. 224 ff.

② Vgl. Hans Spanner, Gutachten 43. DJT, Tübingen 1960, S. 29.

③ Vgl. Walter Klappstein/Christoph von Unruh, Rechtsstaatliche Verwaltung durch Gesetzgebung, Heidelberg 1987, S. 93.

报告》，明确肯定了行政程序法典化的必要性。① 为回应这一形势，1960 年德国法律人大会慕尼黑年会(以下简称"慕尼黑年会")将"行政法总则是否应当法典化"作为年会的议题。在年会上，来自实务界与理论界的人士围绕行政法总则法典化、行政程序法典化、去法典化三种意见展开激烈论争。

1. 行政法总则法典化

部分参会者支持行政法总则法典化。比如，石勒苏益格-荷尔斯泰因州内政部主任委员克劳斯·冯·德·戈博(Klaus von der Groeben)提出，一般行政法的概念与规则目前分散在部门行政法中，彼此规定不尽相同。行政法总则法典化可以改变这一现状，实现行政简化与法制统一，提升行政效能，保障人民权利。石勒苏益格-荷尔斯泰因州内政部委员艾佛斯·加雷特(Alfons Galette)提出，全国公务员目前迫切需要一部统一的《行政法典》简化行政活动，减轻工作负担。公务员们没有时间和精力从学术著作与司法判决中去寻找处理行政事务的答案，更何况这些学术著作和司法判决之间还相互矛盾。联邦行政法院法官赫尔穆特·克茨(Helmut Külz)认为，经过一百多年理论与判决的累积，行政法总则法典化已经具备坚实基础，更何况民法总则可以法典化，行政法总则当然也可以法典化。对于行政

---

① Vgl. Kurt Gustav Jeserich/Hans Pohl (Hrsg.), Deutsche Verwaltungsges-chichte V, Stuttgart 1987, S. 1168.

法这么重要的领域，立法者不应当选择沉默。学者乌勒则指出，
《基本法》对于行政法法典化的种种限制是错误的，要制定全国
统一的《行政程序法》，乃至于进一步实现行政法总则法典化就
必须修改《基本法》，并让联邦获得更宽广的立法权限。[①]

2. 行政程序法典化

多数参会者支持行政程序法典化。比如，学者汉斯·斯帕
纳（Hans Spanner）提出，行政法总则法典化本质上分为实体法
部分法典化与程序法部分法典化。由于行政部门领域的差异性
与联邦立法权限的限制，行政法总则中的实体法部分难以法典
化，但是为了简化行政，贯彻依法行政原则，目前应当迅速推
动行政法总则中的程序法部分法典化，意即至少应当实现行政
程序法典化。[②] 汉堡州（市）政府政务委员彼得·保罗·福尔克
（Peter-Paul Foerke）则认为，行政活动具有复杂性与多样性，行
政法实体问题需要依个案判断，并应当根据行政领域的不同，
适用特定的单行法，所以没有必要制定涵盖行政法各领域的
《行政法总则》。但是福尔克以各州对征收程序的种种差异性规
定为例指出，行政程序的不一致，将增加行政执法的复杂性，
不利于人民权利的保护，因此行政程序应当法典化，并尽可能
实现行政程序简化。联邦行政法院法官约阿希姆·克里斯

---

① Vgl. Diskussion, Verhandlungen 43. DJT, Teil D, Tübingen 1962, S. 5 ff.

② Vgl. Hans Spanner, Gutachten 43. DJT, Tübingen 1960, S. 5 ff.

（Joachim Kniesch）认为乌勒提出的"通过修改《基本法》以制定统一的《行政程序法》或《行政法总则》"的见解是不现实的，因为政客们一定会阻挠《基本法》的修改，这反而会导致行政法法典化的目的落空，所以可行的做法是，在现有联邦制的架构下，联邦和州在彼此的权限范围内分别制定《行政程序法》，并同时将部分行政实体法内容嵌入新制定的《行政程序法》中。巴伐利亚州内政部委员汉斯·施密特·雷尔曼（Hans Schmitt Lermann）指出，行政程序法典化有助于简化行政，降低行政执法的成本，不过行政程序与行政组织密切相连，制定联邦和州全国统一适用的《行政程序法》必然会侵害各州行政组织的独立性，因此联邦和州可以并行制定《行政程序法》，而且应当加强合作，尽可能让《联邦行政程序法》与《州行政程序法》保持体系和内容上的一致性。①

3. 去法典化

少数参会者支持去法典化。比如，联邦行政法院院长弗里茨·维纳（Fritz Werner）提出，行政法总则法典化或行政程序法典化是专家的事情，并不直接涉及人民的公共生活。人民更感兴趣的是部门行政法所涉及的具体立法事项。当前最重要的工作应当是加强部门行政法的立法工作。唯有如此，方能巩固法

---

① Vgl. Diskussion, Verhandlungen 43. DJT, Teil D, Tübingen 1962, S. 103 ff.

治国，增强人民对于国家的信任。①学者汉斯·彼得·伊普森（Hans Peter Ipsen）指出，行政法的核心领域不在于总则，而在于分则，行政法本质上是具体部门任务领域相应法规范的集合，依附于分则的总则仅具有补充功能，并且行政法范围广阔，发展迅速，内容不断更新，所以目前没有必要制定一般适用的《行政法总则》或《行政程序法》。律师赫尔曼·雷乌斯（Hermann Reuß）认为，德国行政法学目前仍然比较幼稚，理性化程度不高，并且充斥着某些浪漫主义的狂热。究竟如何从部门行政法领域中提炼出一般性思考范式，并且形成基础性规范，迄今为止，存在太多争议。因此现在不宜进行行政法总则或行政程序的法典化工作。②

最后，行政程序法典化的支持者赢得论战。慕尼黑年会据此形成如下决议："第一，一般行政法领域的所有法律规则必须有助于实现法的统一性与安定性。因此，联邦与州的法律以及特别法中的一般性规定应当尽可能保持一致性。第二，在《柏林行政程序法》与《行政简化专家委员会报告》所确立的框架下实现行政程序法规范统一是值得期待与非常必要的。第三，一般行政法的附属内容，特别是行政行为的存续力问题，应当被纳入在统一的行政程序法规范之中。"③需要注意的是，与由

① Vgl. Fritz Werner, Gutachten 43. DJT, Tübingen 1960, S. 5 ff.

② Vgl. Diskussion, Verhandlungen 43. DJT, Teil D, Tübingen 1962, S. 77 ff.

③ Berichte, JZ 1960, S. 761.

学者主导的维也纳年会论战不同，慕尼黑年会论战中的法典化支持者多数是来自实务第一线的政府官员，并且这些人对论战结果产生了决定性的影响。可见，实务界已经对行政程序法典化存在强烈的需求，这与理论界普遍消极的态度形成鲜明对比。

(三)联邦政府的选择

从维也纳年会论战与慕尼黑年会论战的不同结果可看出，理论界与实务界在法典化的问题上产生了严重的对立。理论界多数反对法典化，实务界多数支持法典化。然而，是否在全国范围内真正开展法典化工作，关键取决于联邦政府的态度。其实，联邦政府一直是行政程序法典化这一中间道路最坚定的支持力量。自1956年2月29日起，联邦内政部便已经开始在内部研议行政程序法的起草。[①] 1957年，联邦内政部成立行政简化专家委员会。在维也纳年会中强烈支持行政程序法典化的公法学者乌勒出任该委员会第二组组长，其主要职责是研究《联邦行政程序法》的立法可能性。1960年2月，联邦德国内政部公布由乌勒参与起草的《行政简化专家委员会报告》。报告明确提出，《行政程序法》在实践中对于行政简化具有决定性的意

---

① Vgl. Walter Klappstein/Christoph von Unruh, Rechtsstaatliche Verwaltung durch Gesetzgebung, Heidelberg 1987, S. 61.

义，联邦层面的行政程序法典化是非常必要的。① 1960 年慕尼黑年会的论战结果显示出实务界（特别是各州政府）对《行政程序法》起草的支持态度，这更加坚定了联邦政府推动行政程序法典化的决心。②

同时，联邦政府已经明确意识到，行政法总则法典化非常不现实。若要制定《联邦行政法总则》，就必然要对行政组织法和行政实体法的相关内容进行全面规定。问题是，德国实行联邦制，各州对自身的行政组织与部分行政实体法内容拥有立法权限。如果联邦立法者对行政组织法问题与行政实体法问题规定太多，那么势必招致各州政府的强烈反对，法典化工作也会因此功亏一篑。③ 最终，联邦政府决意实现行政程序法典化。它给出的理由是：其一，行政程序法典化有助于实现行政简化，改进行政机关的工作方式，降低行政机关的工作成本，提升行政机关之间的沟通与协作。其二，行政程序法典化有助于法制统一，降低联邦立法的难度，同时使得各州程序法制不一的现状得以改善，提升行政执法的效能。其三，行政程序法典化有助于保障人民利益，方便人民与行政机关的沟通，避免因为程序差异而产生矛盾。其四，行政程序法典化有助于保障法安定

---

① Vgl. Kurt Gustav Jeserich/Hans Pohl (Hrsg.), Deutsche Verwaltungsgeschichte V, Stuttgart 1987, S. 1168.

② Vgl. Ottobert Ludwig Brintzinger, Das Allgemeine Verwaltungsgesetz für das Land Schleswig-Holstein, DÖV 1968, S. 19.

③ Vgl. Hans Spanner, Gutachten 43. DJT, Tübingen 1960, S. 18 ff.

性，令人民能够对行政机关的行为形成充分的预期。其五，行政程序法典化有助于提升司法水平，令法院可以在统一的程序法框架下适用法律，并且以此为基础，推动《行政程序法》自身的改进。①

三、 法典建构:《联邦行政程序法草案》各版本内容与争议

(一)1963年《模范行政程序法草案》

1. 草案概述

在联邦政府的全力推动下，联邦行政程序法典化工作终于启动。1960年5月7日，联邦政府给各州政府发函，希望能与各州政府共同商议《联邦行政程序法》的制定。受《行政简化专家委员会报告》与慕尼黑年会的影响，各州政府均表态愿意与联邦政府合作。② 1960年12月13日，联邦内政部与各州内政部共同成立行政程序法起草委员会，商议起草《模范行政程序法草案》(以下简称《模范草案》)。学者乌勒、奥托·巴霍夫(Otto Bachof)与路德维希·福勒(Ludwig Fröhler)受邀参与《模范草案》的论证会议。经过激烈的讨论，起草委员会最终没有采

---

① Vgl. EVwVerfG 1963, Köln und Berlin 1964, S. 59 ff.

② Vgl. Ottobert Ludwig Brintzinger, Das Allgemeine Verwaltungsgesetz für das Land Schleswig-Holstein, DÖV 1968, S. 19.

纳乌勒关于通过修改《基本法》以制定联邦与州统一适用的《联邦行政程序法》的主张,而是决定维持《基本法》的现有规定,承认联邦和各州均有权制定《行政程序法》,同时希望联邦与州的行政程序立法都能参照适用《模范草案》。1963 年 12 月 7 日,《模范草案》最终拟定。①

考虑到联邦与各州并行制定《行政程序法》的现实,《模范草案》由"联邦行政程序法部分"与"州行政程序法部分"两部分构成。除适用范围、职务协助、行政认证、救济制度与生效条款等少量规定外,"联邦行政程序法部分"与"州行政程序法部分"基本一致。在起草委员会看来,此做法有利于促进联邦与州行政程序立法的协调与统一。② 无论是"联邦行政程序法部分"还是"州行政程序法部分"均分为八章,依次是"适用范围、地域管辖、职务协助—行政程序的一般条款—行政行为—公法合同—特别程序—法律救济—名誉职务的工作、委员会—尾款"。《模范草案》的出台意味着联邦德国行政程序立法的基本框架已经被确立。之后联邦层面陆续公布的《行政程序法草案》各版本与《模范草案》在体例结构上基本保持一致,彼此差别只在细节内容上。《模范草案》的内容特色如下:③

(1)严格限制适用范围

《模范草案》对联邦行政程序法部分的适用范围进行严格限

---

① Vgl. EVwVerfG 1963, Köln und Berlin 1964, S. 53 ff.
② Vgl. EVwVerfG 1963, Köln und Berlin 1964, S. 55.
③ Vgl. EVwVerfG 1963, Köln und Berlin 1964, S. 69 ff.

制。在适用主体上,《模范草案》第 1 条规定,"联邦行政程序法部分"的适用主体是联邦行政机关与联邦直接管辖的公法人①的行政机关,"州行政程序法部分"的适用主体是州行政机关、市镇与市镇联合体的行政机关与其余受州监督的公法人的行政机关。换言之,"联邦行政程序法部分"的适用范围彻底排除了联邦委托行政与州固有行政,仅限于联邦固有行政。在适用内容上,《模范草案》第 1 条规定,《行政程序法》只规范行政机关的公法行为,不规范行政机关的私法行为。在起草委员会看来,公法(主要)规范隶属关系,私法规范平等关系;行政机关在从事私法活动时与平等的市场主体无异,所以原则上仅适用私法,并且不受作为公法的《行政程序法》的约束。不过,起草委员会也强调,基于法治国的要求,行政机关的私法行为应当受到更严格的限制,即使没有法律的具体规定,行政机关也不得出于违宪的目的滥用私法上的形成自由。

(2)将效率模式作为立法目标模式

《模范草案》确立了行政程序的非要式原则,这意味着《模范草案》的立法目标模式是效率模式。依据《模范草案》第 9 条的规定,只要法律对于程序的形式没有特殊规定,行政程序就可以不受特定形式约束。行政程序的进行,应力求简单、合目的性之要求。比如,行政机关在要式程序中原则上必须举行言

---

① 联邦直接管辖的公法人包含公法社团法人、营造物法人与财团法人。

辞辩论,但是在非要式程序中不必举行言辞辩论。在起草委员会看来,行政程序法典化的主要目的是实现行政简化,因此非要式原则应是《行政程序法》最重要的原则,其出发点在于激发行政机关的创造性与积极性,保障行政活动的简洁性与有效性。起草委员会认为,非要式原则与法治国原则必然存在紧张关系。不过,这一紧张关系并不会导致负面后果,这是因为对于行政机关而言,其声望与业绩本质上并不取决于行政决定作出的过程,而是取决于行政决定作出的结果是否符合法治国的要求;对于人民而言,行政机关作出的错误决定最终可以通过行政诉讼予以矫正。

(3)严格限制程序参与人的阅卷权

《模范草案》将职权调查、听证与阅卷权纳入行政程序的一般条款。其中,程序参与人依《模范草案》第 22 条的规定,只有在相关法律明确授权与行政机关合义务裁量两种情形下,才可以查阅有关程序之卷宗。可见,《模范草案》对于阅卷权的规定非常严苛,没有赋予行政程序参与人一般性的阅卷权。依照起草委员会的见解,是否准予行使阅卷权要在具体的行政程序中进行考量。如果赋予行政程序参与人一般性的阅卷权,那么可能会损害公共利益与其他行政程序参与人和行政程序未参与人的利益。因此,阅卷权的行使必须受到严格限制。

(4)将行政实体法以附属内容的形式嵌入行政程序法

起草委员会意识到了行政实体法与行政程序法区分的困难性,于是采纳了慕尼黑年会决议的见解,将行政实体法以附属内容(annexe Materien)形式嵌入行政程序法。附属内容是指"与行政程序密切相连，并且被纳入行政程序法所必需的或至少可以被证立的(行政实体法)领域"。起草委员采用列举的形式，将"管辖权、职务协助""行政行为""公法合同""名誉职务的工作、委员会"等部分均视作行政实体法性质的附属内容。与此同时，起草委员会强调，《模范草案》没有规定行政活动的基本原则，如依法行政、裁量、比例原则等，因为这些原则既不属于程序法内容，又不属于程序法的附属实体法内容。

(5)全面规范了行政行为的存续力问题

《模范草案》的重中之重是关于行政行为存续力的规定。《模范草案》分别对行政行为的无效、废除、瑕疵不生影响等问题进行了规范。

关于行政行为无效的问题，《模范草案》第 34 条采取的是"概括+肯定列举+否定列举"的构造模式。在拟定概括规定时，起草委员会采用"明显重大理论"，规定行政行为若存在明显重大的瑕疵，则自始无效。与此同时，起草委员会认为，由于概括规定过于抽象，欠缺明晰，所以应当设定列举无效事由与排除事由。

《模范草案》第 37 条与第 38 条分别规定了违法行政行为的撤销与合法行政行为的废止。在此，起草委员会采纳弗里茨·豪尔森(Fritz Haueisen)的见解，将"废除"(Aufhebung)作为撤销与废止的上位概念。另外，起草委员会指出，虽然违法行政行为原则上可以被行政机关自由撤销，但是对于违法授益行政行为撤销的问题应当特别考量当事人的信赖利益。对此,起草委员会区分"金钱给付行为与物的给付行为"与"其他授益行为"两种情形,意即对于前者,可以基于当事人的信赖利益,维持行政行为的存续力;对于后者,虽不可以维持行政行为的存续力,但是可以对当事人进行财产补偿。

《模范草案》第36条规定,如果行政机关在作出行政行为的过程中存在程序与形式上的瑕疵(比如,没有举行听证程序,没有对行政行为的作出说明理由),那么若该瑕疵并不导致行政行为无效,且不影响行政机关对于实体问题的决定,则行政行为不能仅仅因为这一瑕疵而被废除(瑕疵不产生影响)。依照起草委员会的见解,程序与形式上的瑕疵只有影响实体问题的决定,才能产生相应的法律后果。程序与形式条款并非"目的本身",它对于行政实体法而言只具有辅助功能。若仅仅因为程序与形式上的瑕疵而允许废除行政行为,则有违程序经济原则。

(6)将和解合同列举为公法合同的基本类型之一

《模范草案》第41条与第42条分别列举和解合同与交换合同两种公法合同的基本类型。前者是指行政机关与人民对事实或法律状况不明时,经由双方退让而予以排除的合同;后者是指行政机关与人民互负给付义务的合同。其中,《模范草案》中的和解合同乃是参照《德国民法典》第779条的(民事)和解合同而创设。对此,起草委员会认为,设立和解合同,虽然可能存在违背依法行政原则之虞,但是如果放任行政机关与人民对模糊不清的事实问题或法律问题争执不休,则无异于浪费时间与金钱，亦有损行政机关与人民的利益。

(7)将"第三人同意"规定为公法合同的生效要件

《模范草案》第44条规定，如果公法合同可能损害第三人利益，那么唯有经过第三人同意，该合同始生效力。由此可见，"第三人同意"是公法合同的生效要件。需要注意的是，《模范草案》并没有将"第三人同意"规定为行政行为的生效要件。之所以如此差别规定，是因为起草委员会认为，德国的行政救济制度目前主要是针对行政行为而设置，考虑到公法合同的法律救济相对薄弱，所以有必要在《行政程序法》中预先对公法合同的生效要件进行特殊处理。

(8)赋予合同当事人终止公法合同的权利

《模范草案》第46条规定，若客观情况自合同缔结后发生重大变化，且不能期待当事人一方维持原有合同约定的，该合同当事人可以请求终止合同；行政机关为防止或排除严重违反公共利益的后果，也可以终止合同。起草委员会指出，此项规定没有采用"行政行为"一章中的"行政机关单方废除"模式，而是赋予所有合同当事人终止合同的可能性，这一方面是因为公法合同的本质仍然是合同，合同当事人原则上应当遵循合同严守原则，另一方面是因为如果允许行政机关在合同终止的问题上拥有不对等的优势地位，那么势必有损人民缔结公法合同的积极性。当然，起草委员会也指出，合同严守原则并不具有绝对性，若公法合同的存续严重危害公共利益，行政机关仍然可以单方终止该合同，此时，私法上的合同忠实应当让位于公共利益。

2. 草案所受评价

《模范草案》一经公布便引发激烈的批判。尽管时任联邦行政法院法官的巴宁（Baring）仍然坚称联邦行政程序立法的时机尚不成熟，并怀疑《模范草案》可能会遭遇 1931 年符腾堡州两部行政法草案同样的命运，① 不过，由于政府已经明确表达制定《行政程序法》的意愿，并且已经开始着手相关的立法工作，所以学界批判的重点迅速由"要不要进行行政程序法典化"转变为"如何进行行政程序法典化"。② 此时，作为曾经的立法少数派与亲身参与《模范草案》起草工作的乌勒也认为《模范草案》存在严重的问题。1964 年，乌勒与弗朗茨·贝克（Franz Becker）出版《法治国下的行政程序》一书，对《模范草案》的批判主要如下：③

---

① Vgl. Martin Baring, Verwaltungsverfahren des Auslandes, DVBL 1965, S. 180.

② 比如，弗里茨·奥森比尔（Ossenbühl）认为，1963 年《模范草案》所谓"行政程序只具有辅助功能"的见解是错误的，因为行政程序具有整合与理性化公共行政的功能，行政程序就是"目的本身"，同时，行政程序对于保障行政裁量的合法性具有关键性作用。是故，即使程序瑕疵不影响实体决定，行政行为也应当可以被撤销。雅各布·卡泽（Kratzer）认为，行政行为的类型不应当包含行政机关在特别权力关系下所作出的命令或禁止行为，因此《模范草案》关于行政行为的定义必须修改。Vgl. Fritz Ossenbühl, DÖV 1964, Die Rücknahme fehlerhafter begünstigender Verwaltungsakte, S. 516 f.; Jakob Kratzer, Musterentwurf eines Verwaltungsverfahrensgesetzes, BayVBl 1964, S. 274 f.

③ Vgl. Carl Hermann Ule/Franz Becker, Verwaltungsverfahren im Rechtsstaat, Köln und Berlin 1964, S. 7 ff.

(1)起草委员会对外国立法经验漠不关心的态度是错误的

起草委员会虽然在立法理由中提及《奥地利行政程序法》，但是着力强调德奥两国国情不同，《奥地利行政程序法》旨在满足奥地利自身的宪法与行政法需求，并不能全然适用于德国。对于其他国家的行政程序立法，起草委员会更是视而不见。可以说，起草委员会的视野太过狭隘。对于阅卷权等充满争议的问题，外国行政程序法当然具有重要的启发意义。对此，起草委员会怎么能够置若罔闻呢？

(2)关于非要式程序与要式程序的二元区分是不成立的

《模范草案》区分非要式程序与要式程序。问题是，这两种程序只有程度的不同，没有性质的差异，因为即使是非要式程序，也必须遵循一定的形式。如果将非要式程序视作普通程序，并使得非要式程序所提供的程序保障远远少于要式程序所提供的程序保障，那么无异于人为制造法律上的阴影地带。人们会由此疑问行政程序法典化的意义为何。因此，必须取消非要式程序与要式程序的二元区分。

(3)严格限制程序参与人阅卷权的做法是荒唐的

阅卷权是人民的基本行政程序性权利，原则上不应当被拒绝与限制。唯一的例外在于，第三人利益或公共利益因为程序参与人行使阅卷权而被损害。即便如此，行政机关拒绝或限制阅卷权的前提是，保密所保障的利益高于阅卷权人的利益。

(4)关于行政行为无效的规定问题重重

"须协力的行政行为未经当事人申请或同意"与"行政行为

没有法律依据"是否无效的问题在实践中一直充满争议。《模范草案》没有对上述情形进行肯定列举或否定列举,因此判定上述情形是否无效应当采用概括条款中的明显重大标准。问题在于,重大且明显的标准过于抽象,实务部门难以对上述情形是否无效的问题作出一致的回答。

(5)关于违法授益行政行为撤销的规定是没有正当性的

对于违法授益行政行为撤销的问题,《模范草案》区分"金钱给付行为与物的给付行为"与"其他授益行为"两种情形,并仅允许维持前一情形中的行政行为存续力。然而,这种区分违背实质正义,不具有正当性。正确的做法应是,对于所有违法的授益行政行为,应当原则上允许撤销,并依照个案决定是否给予财产补偿,只有在例外情形下,才可以维持该违法行政行为的存续力。

(6)关于和解合同的规定令人质疑

诚然,在税捐行政与给付行政领域,和解合同确有存在的必要,但是需要注意的是,行政机关在行政程序中具有职权调查义务,并对存疑的事实问题具有释明责任。目前关于和解合同的规定太过宽泛,这可能导致行政机关借此规避职权调查义务。未来的《行政程序法》应当对和解合同的适用进行必要的限制。

(7)关于公法合同终止的规定充满漏洞

《模范草案》允许行政机关基于公共利益终止公法合同。问题在于,公共利益太过抽象,行政机关似乎可以随意援引公共利益条款终止公法合同。所以，应当单独增设条文，规定违反公共利益的具体情形。另外，《模范草案》没有规定在合同终止的同时，行政机关负有说明理由的义务，也没有规定在合同终止之后，是否应当给予当事人补偿。这些漏洞应当在未来的《行政程序法》中得到填补。

(二)1966年《模范行政程序法草案》

1. 草案概述

1963年10月18日，联邦政府发布政府声明，明确宣布将行政程序法纳入立法计划。随后，联邦内政部以《模范草案》为范本，正式起草《联邦行政程序法参事版草案》，并于1965年12月起草完毕。1966年3月14日至18日，联邦内政部将该草案交由拟定《模范草案》的行政程序法起草委员会在慕尼黑进行讨论。在讨论过程中，起草委员会认为，为了让未来的《联邦行政程序法》与《州行政程序法》尽可能保持一致性，所以目前不应当局限于讨论修改《联邦行政程序法参事版草案》，而是应当讨论修改作为联邦法与州法立法范本的《模范草案》。[①] 在综合社会各界的批评意见后，起草委员会在1966年拟定新版《模范行政程序法草案》(以下简称《慕尼黑草案》)。该草案涉及的

———————

① Vgl. EVwVerfG 1966, Köln und Berlin 1968, S. 299 f.

主要修改内容有：①

（1）调整适用范围

《慕尼黑草案》第 1 条规定，州行政机关、市镇与市镇联合体的行政机关与其余受州监督的公法人的行政机关若是在联邦委托行政中执行联邦法律，则应当适用《联邦行政程序法》，而不是适用《州行政程序法》。与此同时，《慕尼黑草案》中"行政行为"和"公法合同"两章的规定适用于上述机关执行联邦法律以完成州、市镇或公法人自身事务的情形。由此可见，《慕尼黑草案》将《联邦行政程序法》的适用范围扩展至联邦委托行政与（部分）州固有行政。这一修正旨在保证联邦与州行政程序法制的统一性。不过，《慕尼黑草案》第 1 条新增条款规定，若《行政程序法》与特别行政法不一致时，准用特别行政法的相关规定。换言之，作为一般法的《行政程序法》对于特别行政法而言，仅仅是补充适用，并不具有优先适用效力。

（2）修正行政行为存续力的相关规定

《慕尼黑草案》仍然没有对"须协力的行政行为未经当事人申请或同意"与"行政行为没有法律依据"两种情形是否构成无效的问题作出明确规定，但是对行政行为无效的规定进行了一定程度的修正。《慕尼黑草案》第 34 条第 2 款新增规定，若肯定列举条款中无效事由存在，则不必再次援引概括条款，审查行

---

① Vgl. EVwVerfG 1966, Köln und Berlin 1968, S. 303 ff; Carl Hermann Ule/Karl August Stellmann, Zum Stand der Vereinheitlichung des Verwaltungsverfahrensrechts, DVBL 1967, S. 837 ff.

政行为是否存在重大且明显的瑕疵，因为该行政行为已自始无效。这一新增规定在形式上缓解了《模范草案》中概括条款与肯定列举条款之间的冲突问题。

《慕尼黑草案》对违法授益行政行为撤销的规定进行了调整。《模范草案》关于"金钱给付行为与物的给付行为"与"其他授益行为"的区分被修改为"金钱给付行为与可分物的给付行为"与"其他授益行为"的区分。自此，不可分物的给付行为被归入"其他授益行为"，原则上并不能维持其存续力。另外，《慕尼黑草案》第37条第2款新增规定，判定违法行政行为的存续力是否维持，不仅应考量当事人的信赖利益，而且应考量该行政行为所涉及的公共利益。

(3)限制和解合同的适用

《慕尼黑草案》第41条新增规定，行政机关若要缔结和解合同，必须进行合义务裁量，并且认为缔结和解合同是必要的。这一新增规定旨在解决《模范草案》中和解合同适用过于宽泛的问题，其中，合义务裁量是指裁量权的行使应符合授权目的，并应遵守法律规定的裁量范围。

(4)修改公法合同的同意权条款

依照《模范草案》第44条的规定，经过利益可能受损的第三人同意，公法合同始生效力。《慕尼黑草案》第44条对"同意"进行限制，要求第三人须以书面形式行使合同缔结同意权。这一新增限制旨在增强法律的明确性，强化对第三人的权益保护。此外，《慕尼黑草案》第44条新增行政机关行使合同缔结同意权的条款，规定若公法合同旨在替代行政行为，并且该行政行为需经其他行政机关同意或许可始得生效，则该公法合同同样需经其他行政机关同意或许可始得生效。

（5）限制行政机关终止公法合同

《慕尼黑草案》第46条仍然允许行政机关基于公共利益终止公法合同，但是对此作了限制，要求行政机关应当以书面形式终止合同，并且应当说明理由。此项修正旨在遏制行政机关恣意终止公法合同的问题，促使行政机关在决定终止公法合同时更加审慎与理性，同时有利于保障合同相对人的知情权，提高相对人对于行政机关终止行为的可接受程度。

2. 对草案的评价

《慕尼黑草案》在结构体例上与《模范草案》基本一致；在内容细节上，《慕尼黑草案》仅对《模范草案》进行了有限度的修正。对"非要式程序与要式程序的区分欠缺正当性"与"阅卷权行使受限"等质疑，《慕尼黑草案》完全没有回应。至于《慕尼黑草案》将《行政程序法》规定为特别行政法的补充性规范的做法，乌勒与卡尔·奥古斯特·斯特曼（Karl August Stellmann）更是怒斥为"严重的倒退"。① 尽管如此，《慕尼黑草案》的出台仍然意义重大。1967年4月18日颁布实施的《石勒苏益格-荷尔斯泰因

---

① Vgl. Carl Hermann Ule/Karl August Stellmann, Zum Stand der Vereinheitlichung des Verwaltungsverfahrensrechts, DVBL 1967, S. 838.

州一般行政法》在其制定过程中大量参考了《慕尼黑草案》的相关规定。《慕尼黑草案》起草委员会负责人本哈德·辛古拉（Bernhard Sigulla）甚至断言，未来的联邦行政程序立法"必须以《慕尼黑草案》为基础"。①

（三）1973 年《联邦行政程序法政府版草案》

1. 草案概述

1967 年，联邦内政部以《慕尼黑草案》为蓝本，对 1965 年《联邦行政程序法参事版草案》进行了修正。② 1970 年，联邦政府在《联邦行政程序法参事版草案》的基础上，起草完成了《联邦行政程序法政府版草案》（以下简称"1970 年《政府版草案》"），并于同年 5 月 15 日提交联邦参议院审议。根据联邦参议院反馈的意见，联邦政府对草案进行了 14 处修改，并于同年 9 月 21 日将修改后的草案提交联邦众议院审议。在联邦众议院的讨论过程中，各政党均表示支持联邦行政程序立法，但是认为对草案的细节仍然需要进一步磋商。就在草案进入联邦众议院内政与法律委员会审议期间，联邦总理勃兰特因为卷入间谍丑闻而辞职下台，联邦众议院亦于 1972 年 9 月 22 日宣告解散，

---

①　EVwVerfG 1966, Köln und Berlin 1968, S. 300 f.

②　Vgl. Kurt Gustav Jeserich/Hans Pohl (Hrsg.), Deutsche Verwaltungsgeschichte V, Stuttgart 1987, S. 1172.

所以联邦众议院对 1970 年《政府版草案》的审议工作被迫终止。①

1972 年 11 月 19 日，新一届联邦众议院成立。此时，联邦政府采纳联邦内政部的建议，没有将 1970 年《政府版草案》原样提交新一届的联邦众议院审议，而是在 1970 年《政府版草案》的基础上，结合行政程序法最新的司法判决与学术成果，于 1973 年重新拟定《联邦行政程序法政府版草案》（以下简称"1973 年《政府版草案》"）。该草案的内容特色是：②

（1）维持《慕尼黑草案》所确定《联邦行政程序法》的适用范围

1973 年《政府版草案》维持 1966 年《慕尼黑草案》所确定《联邦行政程序法》的适用范围，规定联邦固有行政、联邦委托行政与部分州固有行政（仅包含州执行联邦法律的情形）适用《联邦行政程序法》。联邦政府指出，《模范草案》将"联邦行政程序法部分"的适用范围限定在联邦固有行政的做法只是徒增不安定性，在法政策层面亦难以执行，因此扩展适用范围可以使《联邦行政程序法》的实施更加简单、更具有可操作性。

（2）坚持效率模式、维持非要式原则

联邦政府坚持将效率模式作为 1973 年《政府版草案》的目标模式，并将非要式原则确定为最重要的行政程序原则。在联

---

① Vgl. Walter Klappstein/Christoph von Unruh, Rechtsstaatliche Verwaltung durch Gesetzgebung, Heidelberg 1987, S. 129 ff.

② Vgl. BT-Drucksache 7/910, S. 30 ff.

邦政府看来，行政程序法典化的主要目的就是实现行政简化，行政应当简单和有效，复杂而拖沓的行政程序既不利于行政成本的降低，也不利于人民权益的实现。因此，行政机关原则上有权依据非要式原则进行合义务裁量，决定如何展开行政程序。联邦政府特别强调，非要式原则不仅应当成为行政活动的解释原则，而且应当成为立法活动的指示准则。

(3)放松对程序参与人阅卷权的限制

联邦政府对效率模式进行了一定程度的修正。1973年《政府版草案》第25条取消了程序参与人需经法律明确授权或行政机关合义务裁量始得调阅行政程序相关卷宗的严格限制，承认程序参与人对捍卫自身法律利益所必需的卷宗拥有一般阅卷权。与此同时，草案第25条亦规定，若查阅案卷妨碍行政任务的履行、损害联邦与州的公共利益或第三人利益，则行政机关可以禁止阅卷。依照联邦政府的见解，草案第25条采用"一般权利+例外限制"的构造模式，其目的既在于凸显程序参加人的主体地位，也在于平衡程序参与人利益与公共利益及第三人利益之间的矛盾。

(4)新增行政保证条款

1973年《政府版草案》第34条新增规定，行政保证是指行政机关对未来作出或不作出特定行政行为的承诺，它必须以书面形式作出，并对行政机关具有拘束力。至于行政保证究竟属于行政行为，还是仅仅属于公法上的意思表示，联邦政府认为这一问题可以在未来作开放式讨论。

(5)新增行政裁量条款

在起草《模范草案》时,行政裁量条款被认为属于行政实体法的内容,并且对《行政程序法》不具有附属性,所以最终没有被纳入《模范草案》,但是,联邦政府在1973年《政府版草案》中指出,裁量行政的地位越来越重要,所以应当增设行政裁量条款(1973年《政府版草案》第36条)。增设的目的在于保障人民要求行政机关作出无瑕疵裁量决定的请求权。不过,联邦政府强调,无瑕疵裁量决定请求权存在的前提是行政机关据以作出裁量决定的公法条款必须以保护个人利益为目的。

(6)新增瑕疵行政行为转换条款

1973年《政府版草案》第47条新增规定,行政机关不必撤销所有的违法行政行为,在特定条件下,可以将违法的行政行为直接转化为合法的行政行为。联邦政府明确指出,这一新增条款乃是移植于德国《民法典》第140条关于无效法律行为效力转化的规定。

(7)新增行政程序重开条款

1973年《政府版草案》第47条新增规定,人民在一定条件下,可以突破行政行为的存续力,请求行政机关废除或变更行政行为。联邦政府指出,这一新增条款是对联邦行政法院1971年12月16日所作判决的回应,因为联邦行政法院在这一判决中明确承认行政程序重开是"行政法尚未法典化的一般原则"。①

---

① BT-Drucksache 7/910, S. 74.

（8）修改公法合同终止的规定

1973年《政府版草案》第56条修改了公法合同终止的规定，允许合同当事人在情势变更的情形下，既可以调整合同内容，也可以终止合同关系。与此同时，草案第56条对情势变更的构成要件进行了限制，要求必须是"据以决定合同内容的各种关系，自合同缔结后发生重大变更"。换言之，与合同内容相联系，但并不对其具有决定性意义的客观情况即使发生重大变更，也不能证立存在情势变更的情形。

2. 草案审议争议

1973年5月4日，联邦政府将重新起草的《政府版草案》提交联邦参议院审议，并于同年7月18日将该草案提交联邦众议院审议。在整个审议的过程中，核心争论点是"《联邦行政程序法》的适用范围"与"公众程序的引入"。

就《联邦行政程序法》的适用范围而言，由各州政府派驻议员并代表各州利益的联邦参议院强烈要求将草案中"州行政机关若执行联邦法律，则适用联邦行政程序法"的规定删掉，并要求未来《联邦行政程序法》的适用范围必须回归到1963年《模范草案》所规定的适用范围，即州行政机关执行联邦法律必须适用《州行政程序法》。但是代表联邦利益的联邦政府坚持认为，只有捍卫1966年《慕尼黑草案》的基本立场，才能实现法制的统一性。联邦众议院经过讨论认为应当尽量避免"同一问题、不同程序"的现象出现，所以表态支持联邦政府的见解。①

对于"公众程序引入"的问题,联邦参议院指出:为保障法治国,控制行政成本,应当增设公众程序条款,允许公众推举代表参加行政程序。② 对此,联邦政府认为,既然1973年《政府版草案》已经规定了受特定形式约束的要式程序,那么可以考虑将要式程序进一步发展为公众程序,因此没有必要增设公众程序条款。③针对联邦参议院和联邦政府的意见分歧,联邦众议院最终表态支持联邦参议院的意见,同意新增公众程序条款(即1976年《联邦行政程序法》第17~19条)。不过联邦众议院内部的激烈争论之处在于,《联邦行政程序法》是否应当因应环境保护的需要,新增团体参与与团体诉讼条款。最终,联邦众议院放弃新增该条款,其理由是:团体参与与团体诉讼目前在政治与学术领域充满争议,若新增相关条款,势必影响《联邦行政程序法》的最终出台。④

3. 草案表决争议

经过近三年的讨论与协商,1973年《政府版草案》被作成《联邦行政程序法(草案)》,并交由联邦众议院投票表决。表决

---

① Vgl. BT-Drucksache 7/910, S. 108; Walter Klappstein/Christoph von Unruh, Rechtsstaatliche Verwaltung durch Gesetzgebung, Heidelberg 1987, S. 133.

② Vgl. BT-Drucksache 7/910, S. 105.

③ Vgl. BT-Drucksache 7/910, S. 110.

④ Vgl. BT-Drucksache 7/4494, S. 4.

前夕，德国各政党对法案的通过表现出了高度的团结性。联邦内政部部长葛哈特·包姆(Gerhart Baum)在联邦众议院宣称这部法律将"有助于法治国的实现"。执政党议员理查德·布宁(Reinhard Bühling)宣称这部法律将有助于提升行政法制的统一性与清晰性。反对党议员保罗·格拉赫(Paul Gerlach)则宣称《联邦行政程序法》与其说是"行政的法典"，毋宁说是"人民权利保障的法典"。① 1976 年 1 月 15 日，《联邦行政程序法(草案)》在联邦众议院表决通过。

然而，草案表决并没有结束。依照《基本法》第 84 条与第85 条的规定，设立行政程序的法律需要得到联邦参议院的同意。这意味着，联邦参议院应对《联邦行政程序法(草案)》行使表决权。事实上，联邦参议院坚决反对《联邦行政程序法》适用于州行政机关执行联邦法律的行为，并认为联邦众议院表决通过的《联邦行政程序法(草案)》严重侵害了各州的利益。1976 年2 月 20 日，联邦参议院提请调解委员会②审查《联邦行政程序法(草案)》的合宪性问题。如果调解委员会的审查结果不能让联邦参议院满意，那么联邦参议院出于自身利益的考量，不惜在最后关头否决《联邦行政程序法(草案)》。③

---

① Walter Klappstein/Christoph von Unruh, Rechtsstaatliche Verwaltung durch Gesetzgebung, Heidelberg 1987, S. 132.

② 依照德国《基本法》第 77 条的规定，联邦众议院和联邦参议院派代表组成调解委员会，其功能旨在调解两院在立法事项上的冲突。

③ Vgl. Walter Klappstein/Christoph von Unruh, Rechtsstaatliche Verwaltung durch Gesetzgebung, Heidelberg 1987, S. 134.

为了解决联邦参议院与联邦众议院的激烈冲突，调解委员会建议在《联邦行政程序法(草案)》第 1 条第 3 款新增规定，即"若州行政机关的公法活动已经由州行政程序法规定，州行政机关执行联邦法的行为不适用联邦行政程序法"。此时，联邦众议院不得不作出妥协，否则来之不易的联邦行政程序立法成果可能会因为联邦参议院的阻挠而在最后时刻功亏一篑。1976年 4 月 1 日，联邦众议院表决接受调解委员会的建议。联邦参议院在石勒苏益格-荷尔斯泰因州司法部长亨宁·施瓦茨(Henning Schwarz)的居中斡旋下，最终于 1976 年 4 月 9 日接受了调解委员会的解决方案，表决通过了《联邦行政程序法(草案)》。1976 年 5 月 29 日，联邦总统签署并公布《联邦行政程序法》。① 联邦行政程序法典化终于宣告完成。

四、 当代问题： 我国行政法法典化的基本立场

纵观历史，法典化从来都是一项复杂且艰巨的任务。在面对行政法总则法典化、行政程序法典化以及去法典化三种不同的路径时，德国立法者选择了行政程序法典化这一中间道路。该决断不仅是基于学理性的讨论，更是为了应对实践需要和权

---

① Vgl. Walter Klappstein/Christoph von Unruh, Rechtsstaatliche Verwaltung durch Gesetzgebung, Heidelberg 1987, S. 134.

力博弈。如何恰当回应现实需求、平衡各方利益，才是对立法者智慧的真正考验。目前，我国正处于行政法法典化的关键时期。法典化的路径抉择是当前面临的重要挑战。接下来，本书将梳理我国行政法法典化的制度沿革和理论分歧，并阐明为何应采纳行政程序法典模式。

（一）我国行政法法典化的制度沿革

早在 1986 年，由陶希晋牵头组织，全国人大常委会法工委成立行政立法研究组，由江平、罗豪才和应松年担任主要负责人。该研究组的核心任务是："充分研究我国的现实形势和经济与政治体制改革的要求，广泛搜集国内外行政立法的资料。在此基础上，对我国需要制定的行政法应该包含的大致内容提出一个框架，作为一项建议提供给立法机关参考。"①陶希晋将研究组的初期工作比喻为"制定出一个'毛坯'，将来再将'毛坯'烧制成'砖'"。② 因此，研究组最初聚焦于行政法大纲的研究，本着以"实体法为主、程序法为辅"的原则来开展工作。然而，我国当时行政法基础相对薄弱，相关法律法规稀缺，使得行政法大纲的起草工作面临极大的困难。研究组之后不得不调

---

① 张维：《法学界一个战斗的团队——行政立法研究组成立 30 周年掠影》，载《法制日报》2016 年 10 月 13 日，第 6 版。

② 蔡小雪：《行政诉讼法 30 年：亲历者的口述》，法律出版社 2019 年版，第 6 页。

整策略，放弃了直接草拟行政法大纲的计划，转而采取"先程序、后实体"的新思路。① 这一调整旨在"效仿民事立法的成功经验——先制定《民事诉讼法（试行）》（1981）后制定《民法通则》（1986），以诉讼法倒逼实体法的制定"。② 研究组在 1987 年 8 月起草完成《行政诉讼法（试拟稿）》，并在 1988 年 8 月将其提交给全国人大常委会法工委。③ 七届全国人大二次会议在 1989 年 4 月审议通过了《行政诉讼法》，这标志着我国行政领域程序立法思路的成功。

为了满足经济和社会发展的需要，我国自 20 世纪 90 年代起，针对行政执法中最常见的几种行政行为形式，先后出台了被称为"行政三法"的《行政处罚法》《行政许可法》和《行政强制法》。"这种小法典式的立法创举"④对我国行政法的体系建构发挥了重大作用。由于我国行政事务具有复杂性和多样性，制定一部涵盖所有行政行为的综合性法律存在较大困难。采用单行法的方式，可以具体规范特定类型的行政行为，并为其提供明确的法律依据和实施程序。这不仅提高了行政执法的规范性和

---

① 参见蔡小雪：《行政诉讼法 30 年：亲历者的口述》，法律出版社 2019 年版，第 8~9 页。

② 应松年、张航：《中国行政法法典化的正当性与编纂逻辑》，载《政法论坛》2022 年第 3 期，第 28~29 页。

③ 参见马怀德、孔祥稳：《中国行政法治四十年：成就、经验与展望》，载《法学》2018 年第 9 期，第 36~37 页。

④ 应松年：《中国行政法发展的创新之路》，载《行政法学研究》2017 年第 6 期，第 47 页。

透明度，也增强了对行政相对人合法权益的保障力度。不过，有学者指出，"行政三法"的主要内容是程序法而非实体法，其真正的实体法条款相对较少，实体上的行政处罚、行政许可和行政强制需要依据其他行政单行法来实施。① 以《行政处罚法》为例，法律全文共设八章，其中第三章到第六章均是以程序规定为主体部分，依次涉及行政处罚的实施机关、管辖适用、决定程序和执行程序。在至关重要的"行政处罚的决定"一章中，立法者按照一般规定、简易程序、普通程序和听证程序的顺序设定各节。《行政处罚法》也包含一些实体条款，如第二章的"行政处罚的种类和设定"。然而，第二章仅对行政处罚的行为、种类和幅度作出了原则性规定，具体的行政处罚设定内容仍然需由领域法进行细化，如《道路交通安全法》《食品安全法》《环境保护法》等法律的处罚规定。由此可见，"行政三法"的意义更多体现在程序方面。

2008 年 10 月，《湖南省行政程序规定》正式施行。这部地方政府规章是"我国首部专门对行政程序进行系统规定的地方性立法，开启了中国统一行政程序立法的破冰之旅，拉开了中国统一行政程序立法进程的序幕"。②《湖南省行政程序规定》在章节设计上以规范行政权力为核心，体例结构依次为"总则——

① 参见叶必丰：《行政法的体系化："行政程序法"》，载《东方法学》2021 年第 6 期，第 162 页。

② 王万华：《统一行政程序立法的破冰之举——解读〈湖南省行政程序规定〉》，载《行政法学研究》2008 年第 3 期，第 115 页。

行政程序中的主体—行政决策程序—行政执法程序—特别行为程序和应急程序—行政听证—行政公开—行政监督—责任追究—附则"。每类行政行为的程序架构都遵循程序的开始—过程—结束的线性结构进行安排。①《湖南省行政程序规定》的成功制定开启了行政程序地方立法先行模式。受其激励，多个省、自治区和设区的市相继制定了地方规章性质的"行政程序规定"，如《汕头市行政程序规定》(2011 年)、《山东省行政程序规定》(2012 年)、《西安市行政程序规定》(2013 年)、《海口市行政程序规定》(2013 年)、《江苏省行政程序规定》(2015 年)、《宁夏回族自治区行政程序规定》(2015 年)、《兰州市行政程序规定》(2015 年)、《浙江省行政程序办法》(2016 年)、《蚌埠市行政程序规定》(2017 年)等。2022 年，江苏省人大常委会进一步制定了《江苏省行政程序条例》，将施行七年的《江苏省行政程序规定》上升为地方性法规。地方的行政程序立法实践不仅有助于推动行政程序规范化、提升行政效能和保障公民权利，而且为全国性的行政法法典化提供了经验积累。从中可以看出，地方的探索和实践基本上是以行政程序立法为中心，并将行政实体法内容嵌入程序法。

2014 年，党的十八届四中全会通过了《中共中央关于全面推进依法治国若干重大问题的决定》，明确提出了"编纂民法

---

① 参见王万华：《统一行政程序立法的破冰之举——解读〈湖南省行政程序规定〉》，载《行政法学研究》2008 年第 3 期，第 120 页。

典"的战略任务。2020 年，《民法典》经全国人大审议通过。这部民事领域的法典不仅成为我国法治建设的里程碑，而且对行政法法典化产生了重要的示范效应。2021 年，中共中央印发了《法治中国建设规划(2020—2025 年)》，要求"加强对权力运行的制约和监督，健全规范共同行政行为的法律法规，研究制定行政程序法"。① 同年，全国人大常委会在《2021 年度立法工作计划》中提出，"研究启动环境法典、教育法典、行政基本法典等条件成熟的行政立法领域的法典编纂工作"。② 这表明，中国行政法法典化的历史性机遇已经到来，行政法体系化建设即将迈入新的阶段。

(二)我国行政法法典化的理论分歧

选择何种法典化模式已成为当前亟需认真思考和解决的重要问题。在理论上，目前主要存在四种路径：单行法先行模式、行政法总则模式、行政法基本法典模式和行政程序法典模式。

1. 单行法先行模式

单行法先行模式是指通过逐步制定单行法律的方式，渐进

---

① 《中共中央印发法治中国建设规划(2020—2025 年)》，载《人民日报》2021 年 1 月 11 日，第 2 版。
② 《全国人大常委会 2021 年度立法工作计划》，载《中华人民共和国全国人民代表大会常务委员会公报》2021 年第 4 期，第 921 页。

实现行政法法典化。这种模式有多种表述。比如，杨建顺主张"限缩法典化"。他首先区分行政法典和行政法法典化，认为制定一部统一且完整的行政法典在现实中并不可行，其原因在于"行政法自身特点不允许，立法者的观念和能力不足，理论和实践的积累不充分"。① 尽管如此，杨建顺承认行政法法典化的意义，认为这是行政法发展的必然趋势，是推进法治国家、法治政府和法治社会一体化建设的需要。考虑到行政法具有广泛性、易变性和方针政策性等特点，立法者应当采用"限缩法典化"的路径，坚持"单行法先行"与"各个击破"的立法模式。具体而言，在承认行政法典化价值取向的前提下，坚持"问题引导立法，立法解决问题"的思路，通过持续制定和完善行政组织法、行政作用法、行政程序法等个别法律规范，逐步实现行政法法典化的目标。② 杨建顺强调行政法法典化应当以现实可行性为基础，不能贪大求全、贪大求快，但即便如此，他认为目前仍可先制定单行法意义的行政程序法。

王贵松主张"问题性立法"。他肯定法典化的重要性，认为法典不仅总结了过去的经验，而且通过理性设计和前瞻性引导，能够有力地促进行政法治的进步。法典化的路径可以分为"体系化立法"和"问题性立法"两种。就"体系化立法"而言，虽然

---

① 杨建顺：《行政法典化的容许性——基于行政法学体系的视角》，载《当代法学》2022 年第 5 期，第 56~57 页。

② 参见杨建顺：《行政法典化的容许性——基于行政法学体系的视角》，载《当代法学》2022 年第 5 期，第 59~60 页。

刑法典和民法典是体系化立法的成功范例，但行政法难以形成统一的法典，因为这超出了人类理性的极限，既无可能，也不必要。相较而言，"问题性立法"更为实际和可行。立法者可以在现有的行政许可法和行政强制法之外进一步制定行政程序法、政府信息公开法、个人信息保护法、行政收费法和行政调查法等单行法律。需要注意的是，王贵松支持制定规范行政活动基本程序的行政程序法，但是他心目中行政程序法的地位或许与单行法律大致相当。①

杨登峰主张"类行为法模式"。他指出，我国的行政程序立法模式主要有三种形态，即"单行为法模式""类行为法模式"和"法典模式"。"单行为法模式"是对行政行为进行分类，然后分别就不同行政行为分步立法，其典型代表为《行政处罚法》《行政许可法》《行政强制法》。"类行为法模式"是针对一类行政行为制定法律，其典型代表是《行政执法程序规定》《规范性文件制定程序规定》《重大行政决策程序规定》《政府信息公开规定》。"法典模式"是将所有的行政行为纳入一部法律文本，其典型代表是《湖南省行政程序规定》。② 经比较可知，类行为法模式是最优模式，理由在于：其一，立法成本适中。与"单行为法模式"相比，"类行为法模式"不是规范某一种行政行为，而是规

---

① 参见王贵松：《三问中国行政法的法典化》，载《法治日报》2021年2月26日，第5版。

② 参见杨登峰：《行政程序地方先行立法的主体、模式与规范》，载《政治与法律》2020年第3期，第65页。

范某一类行政行为，其调整范围较大，可以节约立法资源。与
"法典模式"相比，"类行为法模式"没有纳入所有的行政行为，
其调整范围较小，可以提高立法质量。其二，立法难度适中。
与"单行为法模式"相比，"类行为法模式"同样是分步立法，但
同类行政行为的程序具有统一性，因此立法难度并未增加。与
"法典模式"相比，"类行为法模式"没有将所有的行政程序纳入
一部法律，可以降低因不同类型行政行为的程序差异性而带来
的立法难度。① 应当看到，杨登峰从行政程序立法的角度论证
了"类行为法模式"的合理性。这种模式旨在实现某类行政行为
的程序法典化，而不是所有行政行为的程序法典化。

2. 行政法总则模式

行政法总则模式是指参考《民法典》总则编的立法经验，将
一般性的行政法规范制定为行政法总则，并待未来时机成熟时
进一步制定行政法分则。比如，应松年和张航认为，立法者应
当尽快制定行政法总则。他们指出，行政法法典化不只将庞杂
的行政法规范编纂成法典，更重要的是推动行政法的体系建构。
法典化并非出自学者的臆想，而是由行政法自身发展的内在规
律所决定，即行政法的发展必然要从简单走向复杂、从分散走

---

① 参见杨登峰：《从〈民法典〉的编纂看行政法典的编纂——对"单
行法先行"模式的一种考察与展望》，载《行政法学研究》2021 年第 3 期，
第 12~13 页。

向统一、从集合走向体系。① 立法者可以通过"提取公因式"的方法实现行政法总则的法典化，即将行政法中共通的理论概念和规范要素抽象出来，并进行集中性规定。在法典化过程中，需要适当进行"填补空白式"立法，以弥合整体与个别、规范与事实、价值与技术之间的缝隙。行政法总则的体例结构为"一般规定—行政法主体—行政活动—行政程序—行政的监督、保障和救济"。在完成行政法总则的制定后，可以采取"实质法典化"的立场，进一步制定各分编，实现行政法分则的体系化，即在行政法总则的统辖下，编纂包括行政组织法、行政行为法、行政程序法和行政监督救济法在内的行政法分则。② 应松年和张航认为，采用"先总则、后分则"的两步走战略，不仅是古今中外法典化的通行做法，而且是实现法典可认识性和可适用性的最佳路径，更是满足法典体系性、简约性和协调性要求的必要选择。③

章志远认为，行政法总则的制定应当被首先纳入立法工作计划。他指出，在选择行政法法典化模式时，立法者必须兼顾行政法的特殊性和部门法的共性，将制定一般行政法意义上的

---

① 参见应松年、张航：《中国行政法法典化的正当性与编纂逻辑》，载《政法论坛》2022 年第 3 期，第 33 页。

② 参见应松年、张航：《中国行政法法典化的正当性与编纂逻辑》，载《政法论坛》2022 年第 3 期，第 37~39 页。

③ 参见应松年、张航：《中国行政法法典化的正当性与编纂逻辑》，载《政法论坛》2022 年第 3 期，第 36~37 页。

行政法法典作为未来努力的目标。就整体思路而言，我国行政法法典化可以采取"制定行政法总则+编纂行政法典各分编"的分阶段立法模式。在第一阶段，可以借鉴民法总则"提取公因式"的方法，将具有普遍适用性和引领性的行政法律制度编纂为行政法总则。就体例结构而言，行政法总则分为十章，即"基本规定—行政权力的配置—行政相对人的权利与义务—行政权力的形式—行政行为的效力—行政行为的程序—行政权力的监督—行政相对人的救济—依法行政的保障—附则"。在第二阶段，立法者可以根据我国行政法的发展状况和实践需求，参酌民法典和刑法典的先进经验，编纂行政法典分则编，即行政组织法编、行政活动法编和行政救济法编。鉴于行政法规范的易变性，行政法典分则编的制定可以参考荷兰《行政法通则》的"框架式、分阶段立法"模式，先确定整体框架，然后根据具体情况分阶段进行立法、修改和废除。法典甚至可以预留某些空置的内容，以保持适度的开放性，以便接纳后续分编的内容。①

薛刚凌认为，作为框架性法律的行政法总则应被优先制定。她指出，行政法的多元发展路径导致行政法目标各异、内容分散、体系建构缺失，也带来行政法创制、实施和遵守的负担与困惑。这些问题需要通过法典化来克服。行政法法典化的核心

---

① 参见章志远：《中国特色行政法法典化的模式选择》，载《法学》2018 年第 9 期，第 92~93 页。

目标在于推动行政法的一体化建设，建立与我国国家治理相匹配的行政法体系。① 为了避免公共行政领域各自为政，并顺利实现行政法体系化，立法者应当优先制定行政法总则。作为行政法法典化中的核心部分，行政法总则不仅可以引领行政法法典化的发展进程，确立行政法的基本原则和精神，指导行政法的制定和实施，而且可以在行政法规范不完善或相互冲突的情况下提供解决问题的基本指引。在体例结构上，行政法总则应包含"行政法的基本概念—行政法的调整范围及结构框架—行政法的基本原则—行政法的基本制度—监督救济与法律责任"。② 在行政法总则奠定一般行政法和专门行政法的基本框架之后，对于条件比较成熟的行政法内容，可以制定相应法典，如《外部管理基本法》《税法典》《教育法典》《环境法典》等。对于条件尚不成熟的行政法内容，可以先制定单行法，并定期进行编纂，待条件成熟后再制定法典。③

3. 行政基本法典模式

行政基本法典模式是指通过一步到位的方式，将所有行政部门通用的法律规范全面法典化。比如，马怀德认为，编纂行

①　参见薛刚凌：《行政法法典化之基本问题研究——以行政法体系建构为视角》，载《现代法学》2020年第6期，第78页。

②　参见薛刚凌：《行政法法典化之基本问题研究——以行政法体系建构为视角》，载《现代法学》2020年第6期，第92~93页。

③　参见薛刚凌：《行政法法典化之基本问题研究——以行政法体系建构为视角》，载《现代法学》2020年第6期，第95页。

政基本法典的基础条件已经成熟，这种模式最契合、也最有利于实现法典化目标。马怀德首先批评了行政程序法典模式和行政法总则模式。行政程序法典模式难以解决名不副实的问题，单纯的行政程序规则无法满足行政法体系化的需要。如何清晰界定实体法规则是否与行政程序紧密相关且难以切割，始终属于难题。行政程序法典模式在处理实体法的问题上存在不足，并非行政法法典化的理想选择。同时，行政法总则模式难以实现法典的体系性和完备性。这一模式存在容量较小、对行政关系的调整密度较低、法条刚性较弱、规范力度不足等问题，也无法实现对行政法规范进行体系性整合和查漏补缺等法典化的主要目标。主张"总则编"模式的学者大多是从行政法法典化的"步骤"而非"形式"的层面提出行政法总则方案。换言之，在总则模式的支持者看来，在制定行政法典总则编后，还需要继续制定各分编，从而形成完整的法典。这意味着"总则编"仅仅是减轻立法压力的过渡性方案。① 经过比较分析，马怀德提出行政基本法典模式，要求对行政法的一般性规则进行系统规定。行政基本法典集实体法和程序法于一身，符合行政法的规律和特性，与我国行政立法领域程序实体合一的立法思路相吻合。行政基本法典较好地契合了行政法的广泛性、多元性和多变性。具体而言，行政基本法典应涵盖行政组织法、全部行政活动以

① 参见马怀德：《中国行政法典的时代需求与制度供给》，载《中外法学》2022年第4期，第859~861页。

及行政监督救济法等内容。① 在体例结构上，行政基本法典采取"总则—各编"体例，具体可以设置为七编，依次为"总则—行政组织—行政活动—行政程序—政务公开和数据治理—行政监督与问责—行政复议与行政诉讼"。②

杨伟东主张一次性完成行政基本法典的编纂。在重要的行政法领域中存在众多亟须填补的法律空白，而现行的碎片化立法方式效率低下，无法有效构建统一的行政法律规范体系。尽管行政法总则能够解决某些立法空白问题，但它无法全面解决所有主要问题。同时，行政基本法典不是包含实体内容的行政程序法典，也不是单纯的行政程序法典。相反，它应当是融实体法和程序法于一体的行政法典，亦即实体法与程序法均衡互补的行政法典。杨伟东反对行政程序法兼顾实体法的立场。他认为，程序性规则与实体性规则的关系处理及其各自比重的确定，应当根据所涉领域的具体情况和实际需要来决定，而不应断言哪类规范应当占优或绝对占优。近年来在行政法领域出现的"程序空转"问题，凸显了实体公正的重要性。仅有完美的程序规定而缺乏实体公正，无法在根本上解决行政争议。理论上实体与程序的区分不应成为阻碍行政法发展的障碍。③ 基于这

---

① 参见马怀德：《行政基本法典模式、内容与框架》，载《政法论坛》2022 年第 3 期，第 48～51 页。

② 参见马怀德：《行政基本法典模式、内容与框架》，载《政法论坛》2022 年第 3 期，第 53 页。

③ 参见杨伟东：《基本行政法典的确立、定位与架构》，载《法学研究》2021 年第 6 期，第 60～62 页。

一立场，我国应当编纂内容全面的行政基本法典，系统解决我国行政法中存在的主要问题。行政基本法典应以规范行政权力为主线，设置为六编，采取"总则编—行政组织编—行政活动编—行政程序与信息公开编—行政监督编—行政救济编"的体例结构。[①]

王敬波主张采取行政基本法典的立法模式。她强调，行政法法典化的主要目的是巩固行政体制改革的成果，而行政基本法典的编纂应注重两个主要因素：一是治理改革与行政权的相关度。行政权是行政法的核心要素，行政法的体系化主要围绕行政权的配置(行政组织法)、行政权的运行(行政行为法)以及行政权的监督和救济(行政复议和行政诉讼)而展开。故与行政组织、行政行为、行政复议及行政诉讼相关的改革事项应当成为行政基本法典编纂的重点领域。二是治理改革的重大程度。作为行政法律体系的顶层设计，行政基本法典应涵盖重大改革事项，而微观领域的涉权改革则应由其他行政法律予以规范。[②]同时，我国现行行政法律制度均为实体和程序的兼容型立法，地方立法整体遵循实体和程序的融合路径，外国行政程序法典同样兼顾实体和程序，因此我国行政基本法典不应仅限于程序法的集合，而应包含实体法内容，确保实体法和程序法有机融

---

① 参见杨伟东：《基本行政法典的确立、定位与架构》，载《法学研究》2021 年第 6 期，第 68~70 页。

② 参见王敬波：《行政基本法典的中国道路》，载《当代法学》2022年第 4 期，第 19~20 页。

合和均衡互补，以实现法典化的全景式立法目标。在体例结构上，行政基本法典可以划分为五编，依次为"总则—行政组织—行政行为—政务公开与数据治理—监督行政与争议解决"。①

4. 行政程序法典模式

行政程序法典模式主要是指将行政活动的程序性规定进行法典化。比如，叶必丰主张制定兼容实体法的行政程序法。他认为，编纂以实体法为核心的行政法总则是不切实际的。首先，行政实体法总则不符合我国当前的立法实际。我国长期以来按照行政行为的类型进行统一立法，先后制定了《行政处罚法》《行政许可法》《行政强制法》，而这些法律主要涉及程序法，其实体法内容相对较少。其次，行政实体法总则在国际上缺乏成功案例。例如，荷兰的《行政法通则》主要规定程序法，并未涉及行政组织法等关键内容。最后，我国尚不具备制定行政实体法总则的事实条件。国际环境日趋复杂，国内改革仍处于攻坚期和深水区，许多关于组织体制和上下级关系的重大改革尚未完成。② 基于上述原因，立法者应当采用行政程序法的法典化模式，即法典以行政程序为主要内容，但同时具有行政法总则

---

① 参见王敬波：《行政基本法典的中国道路》，载《当代法学》2022年第 4 期，第 26~28 页。

② 参见叶必丰：《行政法的体系化："行政程序法"》，载《东方法学》2021 年第 6 期，第 162~163 页。

的功能。一方面，将以往由单行、分散的行政法规范规定的个别性程序统一确定为一般性程序。另一方面，纳入与行政程序密切相关且难以分割的行政实体法内容，如行政行为法的内容。兼容实体法的行政程序法与行政实体法总则是有区别的。行政实体法总则需要全面规定行政实体法，而行政程序法对实体法的兼容是部分性的、有限的，因为程序法兼容实体法必须满足三项条件，即关联度的紧密性、需求度的紧迫性和共识度的可能性。符合三项条件的实体法内容可以在程序法中一并加以规定。没有关联性，缺乏紧迫性，或者难以形成共识的实体法内容可以被暂时搁置，无须被强行纳入程序法。①

王万华主张行政基本法典的编纂应当采取程序主义进路。她指出，法典的名称可以采用《行政基本法典》的表述，以明确法典与单行法的关系，避免不必要的立法争议。② 然而，法典的内容应符合程序主义进路，主要包含一般性的行政程序规范，同时部分涵盖行政组织法、行政实体法和行政救济法。③ 在王万华看来，行政管理实践中客观存在部门差异、地区差异和层级差异，而单行立法通常被认为能够帮助行政机关更灵活、更有效地解决实际问题。这些因素导致行政组织法和行政实体法

---

① 参见叶必丰：《行政法的体系化："行政程序法"》，载《东方法学》2021 年第 6 期，第 165~166 页。

② 参见王万华：《我国行政法法典编纂的程序主义进路选择》，载《中国法学》2021 年第 4 期，第 120 页。

③ 参见王万华：《我国行政法法典编纂的程序主义进路选择》，载《中国法学》2021 年第 4 期，第 104 页。

的全面法典化存在较大难度。法典化的核心在于体系性,只要体系中的任何一个部分存在问题就会阻碍法典化的完成。因此,体系越宏大,法典编纂的难度就越大,选择恰当的立法策略就显得尤为重要。程序主义进路是一种有限法典化的立法思路,其使立法者在实现行政程序法典化的同时,根据实际情况,灵活纳入部分成熟的组织法、实体法和救济法条款,从而有效降低立法难度,确保法典编纂的顺利推进。基于程序主义进路,法典应以规范行政活动为核心内容,并将与行政活动相关的实体法规范与程序性规范一并纳入法典。在体例结构上,法典可借鉴潘德克顿技术,采取总则—分编的体例,其中总则部分是从各分编中"提取的公因式",各分编规定不同类型的行政活动。法典的基本框架是"总则—行政立法与行政规范性文件活动编—行政决策活动编—行政执法活动编—合意行政活动编—政府与信息和数据相关活动编—行政司法活动编"。①

姜明安主张编纂行政程序法典。他反对行政实体法典的立法思路,并提出了一系列理由。其一,行政法不同于民法,其核心在于程序规范而不是实体规范。其二,行政实体法规范分散且体系庞杂,难以法典化。其三,行政法的某些规则具有实体和程序的双重性质。其四,世界各国尚无成功编纂行政实体法典的先例。其五,法典应具有相对稳定性,不能被频繁修改

---

① 参见王万华:《我国行政法法典编纂的程序主义进路选择》,载《中国法学》2021 年第 4 期,第 119~121 页。

变动，而我国正处于体制改革和转型的关键时期，行政机关的组织体系、结构、职能及权力配置等实体规则需要被不断调整，行政实体法律制度尚未完全定型。与行政实体法典相比，姜明安更支持制定行政程序法典。他认为，凡是属于行政行为程序性质的共性规范都应被纳入行政程序法典的编纂范围。即使这些程序性规范具有一定的实体性质，如行政许可、行政处罚和行政强制的相关规定等，也应当被写入法典。立法者不应将兼具实体性和程序性的规则一分为二，只纳入纯程序性的规范。同时，行政程序法典必须具有内在的逻辑性和自洽性。它应当聚焦于调整行政主体对外实施行政行为的程序规范，不应涵盖与外部行政行为无直接关系的行政组织法规范、行政编制法规范和公务员规范。它应定位于调整行政主体行政行为程序的法典，不应包含行政法制监督和行政救济规范，如监察法和行政诉讼法。在体例结构上，行政程序法典划分为五编，依次为"总则—行政程序基本制度—行政决策与行政立法程序—行政处理程序—特殊行政行为程序"。①

（三）我国行政法法典化的路径抉择

我国行政法法典化呈现出与德国类似的问题。德国曾争论

---

① 参见姜明安：《关于编纂我国行政程序法典的构想》，载《广东社会科学》2021年第4期，第225~226页。

过三种法典化路径，即行政法总则法典化、行政程序法典化、去法典化。我国目前面临着单行法先行模式、行政法总则模式、行政基本法典模式和行政程序法典模式四种法典化路径。德国立法者经过权衡，最终选择了行政程序法典化这一折中路径，其立法成果《联邦行政程序法》至今仍被各国视为行政法法典化的典范。借鉴域外经验，并结合我国国情，本书认为我国应当采取行政程序法典模式。接下来，将分析单项法先行模式、行政法总则模式和行政基本法典模式的不足之处，并阐述选择行政程序法典模式的理由。

1. 单行法先行模式的否定

单行法先行模式的支持者认为，通过制定和完善单行法律的方式，可以实现行政法法典化的目标。然而，这种模式存在诸多弊端，具体批判如下：

其一，法律适用难度增加。单行法先行模式以"限缩法典化"或"问题性立法"为导向，针对行政领域的主要问题采取"各个击破"的立法策略。然而，由于不同单行法的制定时间和背景各异，这种模式可能导致法律条款之间产生矛盾。例如，《行政处罚法》并未把"责令改正"列入行政处罚的种类，司法实践将其视为行政命令。[1] 然而，《土地管理法》第83条将"责令限期拆除"明确规定为行政处罚，并未按照行政命令加以定性。

---

① 参见最高人民法院(2018)最高法行申4718号。

此类规则冲突不仅增加了执法机关和普通公民理解法律的难度，还容易引发执法标准的不统一，进而影响行政活动的可预测性和公正性。

其二，制度运作效果不佳。单行法先行模式尽管可以快速响应特定的实践需求，但是只能处理表层问题，无法深入行政法的整体秩序思想。在面对综合性行政法问题时，单行法模式缺乏整体的应对机制，难以提供前瞻性和全局性的解决方案。即使是"类行为法模式"也存在不足，因为它未能从行政法体系化的角度提炼出一般性的行政法原则，在处理类行政行为的关联交叉问题时，制度供给可能不够充分。从长远来看，单行法先行模式可能产生更高的立法成本，因为法律的重叠和修改，以及应对碎片化法律体系所额外耗费的行政和司法资源，都会极大地增加社会负担。

其三，行政程序意义减弱。尽管单行法先行模式的支持者并不反对制定行政程序法，但他们往往从单行法律的角度理解行政程序法的制定，这会导致行政程序法在行政法体系中的地位被矮化。当其他单行法律与行政程序法发生冲突时，如何处理其位阶关系将成为问题。作为单行法律的行政程序法，是否能够对其他单行法律产生指导和统摄作用，是单行法先行模式难以妥当回答的疑问。

综上，单行法先行模式虽然在处理具体、独立的行政法问题上可能具有一定的优势，但其在整体上难以解决行政法体系化面临的复杂问题。

2. 行政法总则模式的否定

行政法总则模式的支持者认为，通过制定行政法总则，可以推动行政法的体系建构，并为后续的行政法分则立法奠定基础。然而，这种模式存在显著不足，具体批判如下：

其一，"提取公因式"方法难以操作。行政法总则模式借鉴了民法典的"提取公因式"立法技术，旨在从行政法中提取共同性和普遍性的内容，并进行集中性的规定。然而，行政法总则的构建必须基于现有行政法规范的提炼和重构，其采取的是"特别到一般"的抽象路径。成功提取共同因子的前提是对单行法进行全面整理和把握。考虑到我国"现有行政性法律200多部、行政法规700多部、地方性法规和规章几千部"，[1] 从如此庞杂的行政法规范中提取出涵盖所有内容的"公因式"，显然不现实。此外，现有的单行法律并未对所有的行政法问题作出了规定，许多领域仍然存在空白和缺陷，例如行政组织法的缺失和行政行为法的不完整。[2] 在这种情况下，试图进行"提取公因式"的立法几乎是不可能完成的任务。

其二，总则和分则关系模糊不清。制定行政法总则意味着未来需要制定行政法分则。以《民法典》为例，其总则编按照

---

[1]　姜明安：《关于编纂我国行政程序法典的构想》，载《广东社会科学》2021年第4期，第225页。

[2]　参见李大勇：《行政法典化的渐进主义路径》，载《法治研究》2024年第3期，第33~34页。

"权利主体—权利客体—权利变动"安排规范逻辑，分则编则按照"物权编—合同编—人格权编—婚姻家庭编—继承编—侵权责任编"设定体例结构，由此形成层次分明的法典体系。然而，行政法总则模式主要以规范行政权力作为"提取公因式"的标准，所设想的总则和分则无法形成类似《民法典》这样严谨清晰的逻辑构造。例如，在应松年和张航的构想中，总则编包括行政法主体、行政活动、行政程序以及行政的监督、保障和救济等，而分则编则是行政组织法、行政行为法、行政程序法和行政监督救济法。从结构上看，总则编的"行政法主体"对应的是分则编的行政组织法，总则编的行政活动和行政程序对应的是分则编的行政行为法，总则编的行政的监督、保障和救济对应的是分则编的行政监督救济法。这种一一对应的模式产生的疑问是，总则编和分则编是否重复？如果设定总则编没有特别的意义，直接规定分则编是否更为合适？事实上，章志远和薛刚凌构想的行政法总则也存在类似的问题。

其三，行政实践需求无法得到满足。行政法总则是对现有的实体法和程序法进行整体抽象和提炼。这种法典化路径容易导致规范文本与行政实践产生脱节。鉴于行政法具有庞杂性和政策性的特征，用一个固定的框架来统一行政法可能导致行政法在快速变化的社会现实中显得僵化。尤其在领域法的实体内容上，现实的复杂性往往超过了行政法总则所能概括的范围，导致总则在具体问题上难以提供必要的指导，甚至可能因效果不彰而被虚置。此外，为了保持稳定性，行政法总则的修改和调整需要经过复杂的程序。这种稳定性的制度需求可能使得行政法总则无法快速响应行政实践的动态变化，导致行政法体系无法即时更新和完善。

总之，尽管行政法总则模式在理论上为行政法的体系化提供了整体框架，但从实际操作和适应行政法不断变化的需求来看，其难以实现行政法体系化的预期目标。

3. 行政基本法典模式的否定

行政基本法典模式的支持者主张，通过制定内容全面的行政基本法典，可以一步到位实现行政法法典化。然而，这种模式存在严重缺陷，具体批判如下：

其一，法典编纂变成法条汇编。行政基本法典模式试图将实体法和程序法集于一身，涵盖行政组织法、行政活动法、行政救济法等多个领域。然而，行政法涉及的领域广泛且复杂，将所有内容纳入一部行政基本法典，可能使立法结果更像是法律汇编，而非体系化的法典编纂。例如，行政救济法主要调整复议行为和诉讼活动，而行政活动法侧重调整行政机关的活动。两者在适用主体、适用程序和适用后果上均存在显著差异。将行政救济法和行政活动法笼统规定在一部法典中，无法真正实现体系建构的目标，甚至可能导致法律适用的混乱。①

---

① 参见王万华：《我国行政法法典编纂的程序主义进路选择》，载《中国法学》2021 年第 4 期，第 118 页。

其二，行政组织立法应当审慎。行政基本法典模式希望借由法典编纂的契机，弥补我国行政法律制度的薄弱之处，尤其是完善行政组织法。然而，行政组织法之所以长期成为我国行政立法的短板，主要是因为其不仅涉及法律问题，而且包含大量的政策因素。例如，行政编制、机构设置、职责权限等事项在不同部门和不同地区之间存在显著差异，难以统一纳入一部法典。中央组织法和地方组织法本身也存在较大差异，若是立法者强行将二者合二为一，可能造成央地组织体系的紊乱。①并且，我国正在不断推进行政体制改革。若将行政组织法法典化，会不利于改革过程中的试错和调整。

其三，行政实体法不宜全面法典化。行政实体法涉及治安管理、环境保护、市场监管、社会救助、城乡规划等诸多领域。通常，这些规则只适用于特定部门或特定领域的行政活动，统一提炼这些规则的难度极大。目前，我国立法机关也仅对行政行为的部分类型进行了一般性立法，如行政处罚、行政许可、行政强制等，而对行政命令、行政征收、行政裁决等行为类型尚未进行一般性立法。在理论尚未形成共识和实务尚不具备充分经验的情况下，从所有的实体法中抽象出一部全面的法典，将会带来巨大的争议。强行推进的法典化只会削弱法典的逻辑自洽性，损害其实质正当性。

---

① 参见王万华：《我国行政法法典编纂的程序主义进路选择》，载《中国法学》2021 年第 4 期，第 118 页。

总之，尽管行政基本法典模式在理论上具有一定的吸引力，但庞大的法典不可能一次性解决所有问题。这种模式超出了现阶段立法者的理性能力，难以实现预期的立法效果。

4. 行政程序法典模式的肯定

行政程序法典化模式的支持者认为，应当将行政程序作为立法的核心内容，并部分嵌入必要的行政实体法内容，从而适度实现行政法法典化。行政程序法典化模式是我国行政法法典化的最优选择。具体理由如下：

其一，借鉴域外行政程序法典化的成功经验。虽然我国不应照搬外国法制，但外国有益的立法经验可以为我国提供重要的参考。以德国行政法法典化为例，德国立法者最终选择了行政程序法典化，而不是行政法总则法典化或去法典化，这是经过利害权衡和权力博弈后作出的决定。相比行政法总则法典化，行政程序法典化能够降低行政法法典化的难度，使行政程序法制不统一的现状得以迅速改善，有力提升行政执法的效能。由于德国各联邦州在行政组织和行政实体法内容上拥有立法权限，采用行政程序法典化可以有效缓解地方分权带来的法律冲突和执法难题。相比去法典化，行政程序法典化有助于实现行政简化、促进法制统一以及保障人民权益。通过统一行政程序，可以改进行政机关的工作方式，提升行政机关之间的沟通与协作，使人民能够对行政机关的行为形成充分的预期。德国经验表明，行政程序法典化这一中间道路经受住了历史的检验，对提高行政效能与规范行政权力起到了重要作用。

其二，我国行政立法长期采取程序主义进路。1986 年，行政立法研究组审时度势，放弃直接草拟行政法大纲的计划，转而采取"先程序、后实体"的思路，最终促成了《行政诉讼法》的成功制定和实施。自 20 世纪 90 年代以来，我国陆续出台的"行政三法"主要规范的是行政行为的程序，而部分必要的行政实体法内容被嵌入其中。这些立法实践展现出程序主义进路在我国行政法体系建构中的可行性。2008 年起，地方层面相继出台的"行政程序规定"均是以行政程序立法为中心，并对相关行政实体法内容进行了部分规定。这些地方性的法规和规章为全国性的行政程序法典化提供了制度积累和经验素材。我国行政法法典化的目标应是对已有的行政程序立法成果进行统一化和系统化，形成一部全面的程序法典，从而进一步强化程序正义，并为行政实体法规则的实施确立程序基准。法典化的路径选择必须符合本国的实际情况。按照既有成功经验进行法典化无疑是试错成本最低的立法路径。

其三，程序主义是筛选实体法内容的重要标准。行政程序法典化是最经济的立法方式，因为此种法典化相对容易，不难形成共识，阻力较小。一旦立法成功，可以极大提高行政效能，减少行政决策的随意性，确保行政活动的透明性和公正性。需要回应的是，行政程序法典化的批评者往往宣称，行政程序法典化存在"名不副实"的问题，因为行政程序法典不可能只包含纯粹的程序性规定，而是会纳入实体法内容。事实上，行政程序法典并不排斥实体法内容，关键在于选择哪些实体法内容纳入行政程序法典。强调以行政程序立法为中心，能够优化行政实体法内容的嵌入式选择。将行政机关适用的程序作为筛选机制，可以过滤掉不必要的实体法内容。比如，行政组织法的大部分内容与行政程序无关，基本不必纳入行政程序法典。行政诉讼法也不必纳入，因为法院适用的程序与行政机关适用的程序不一致。同时，将行政机关适用的程序作为筛选机制，可以纳入必要的实体法内容，如行政行为的概念、类型、效力等。由此可见，坚持程序主义进路，可以令立法者从务实角度出发对行政实体法内容进行取舍，避免法典过于臃肿，确保法典能够快速响应社会发展的变化，适应不同领域和层级的行政管理需求。

总之，行政程序法典化模式是符合国情、高效而又稳健的法典化路径。这种模式不仅有助于促进法治政府建设和国家治理现代化，而且能够有效达成行政法的体系化，充分实现行政法的形式理性和实质理性。

第二章
行政法法典建构及其论争的微观镜像

　　行政法的体系化需要法典化，而法典化需要落实在微观层面的具体制度设计中。本书选取无效行政行为作为讨论重点，理由是无效行政行为是最严重的违法行政行为，其相关立法是行政法法典化的核心内容。我国行政法学界对无效行政行为的理论争议较大。在 2014 年修改《行政诉讼法》的过程中，有观点认为"学术界对于无效行政行为的研究仍然不成熟，不乏概念混乱、语焉不详的问题"，因此"目前尚不宜将无效行政行为的审查纳入立法范围"。① 立法机关没有采纳这一观点，最终将无效行政行为制度纳入《行政诉讼法》第 75 条。值得注意的是，该制度最复杂的问题是认定标准的构建和阐释，而立法机关以"大陆法系国家基本都用了这个标准"为由，直接采用了德国法上的明显重大说（Evidenztheorie）②，形成了我国实定法上的重大且明显违法标准。③ 上述担忧并非毫无道理。由于学理研究不足，重大且明显违法标准的适用在我国行政审判中至今存在高度争议。④ 无论我国行政法法典化在宏观层面采取哪一种路径，都会面临无效行政行为的立法问题，而重大且明显违法标

---

　　① 江必新、邵长茂、李洋编著：《新行政诉讼法导读：附新旧条文对照表及相关法律规范》，中国法制出版社 2015 年版，第 95 页。

　　② 将"Evidenztheorie"直译为"明显说"容易令人误解，因为"Evidenztheorie"不仅要求瑕疵明显，而且要求瑕疵重大。本书统一采用"明显重大说"的译法。

　　③ 全国人大常委会法制工作委员会行政法室编：《中华人民共和国行政诉讼法解读》，中国法制出版社 2014 年版，第 208 页。

　　④ 相关争点的整理参见严益州：《论无效行政行为的认定》，载《法学家》2023 年第 2 期，第 159~171 页。

准本身就是来自德国法的舶来品。整理德国法上的学术见解和实务情况，对我国无效行政行为立法具有重要参考意义。因此，本书将对德国法上无效行政行为认定标准的来龙去脉进行全景式考察，并将探讨我国行政法法典化背景下无效行政行为制度的设立和诠释。

一、 1945 年之前的无效行政行为理论演进

(一)明显重大说的形成

19 世纪末 20 世纪初，明显重大说已初现端倪。德国学者奥托·迈耶(Otto Mayer)主张行政行为应具有自我证明力，即行政行为基于国家权威的自我证明，应被推定为有效。不过，当实施主体不是行政机关或是绝对无管辖权时，自我证明力可被否定，行政行为构成无效，理由是"国家意志的力量自始没有在该行政行为中显现"。[1] 同时期学者弗里茨·弗莱纳(Fritz Fleiner)反对威权式的行政法学思维，认为行政行为之所以被推定为有效，是为了保障行政领域的法安定性，因为稳定的行政法律关系可以使行政机关和人民对社会交往形成合理预期。如

---

[1]　Otto Mayer, Deutsches Verwaltungsrecht, Band I, 3. Aufl., Berlin 2004, S. 95.

果外观合法的行政行为被视为虚设，那么法安定性会遭受破坏，社会生活将陷入混乱。① 虽然迈耶与弗莱纳没有明确将明显性作为无效行政行为的构成要件，但是他们的学说附带性地令明显性成为识别无效行政行为的考量因素。理由在于，如果行政行为的违法性已经明显到外观可知，那么自我证明力与法安定性自然无从谈起，行政机关和人民由此不必对此种行政行为履行执行义务。②

尤利乌斯·哈契克（Julius Hatschek）是明显重大说公认的理论鼻祖。他的原始观点是，当组织权力滥用情形"一望额头便可知"时，具有此种情形的行政行为应构成无效。③ 该见解一经提出便被认为具有重要的学术价值，因为它令行政行为无效和撤销的分割线得以直观化，使法安定性和信赖利益可以得到保障。④ 哈契克所谓的"一望额头便可知"，至今仍是无效行政行为明显性要件的经典表述。不过，哈契克的观点与现今的明显重大说存在区别：其一，哈契克只提及明显性要件，没有叠加重大性要件。对他而言，组织权力滥用不是特殊的严重违法情

---

① Vgl. Fritz Fleiner, Institutionen des Deutschen Verwaltungsrechts, 3. Aufl., Tübingen 1913, S. 199.

② Vgl. Erich Schiedeck, Die Nichtigkeit von Verwaltungsakten nach § 44 Absatz 1 VwVfG, Regensburg 1993, S. 23-24.

③ Julius Hatschek, Lehrbuch des deutschen und preußischen Verwaltungsrechts, 2. Aufl., Leipzig u. Erlangen 1922, S. 94.

④ Vgl. Günter Erbel, Die Unmöglichkeit von Verwaltungsakten, Frankfurt am Main 1972, S. 109.

形，而是"组织权力行使过程中违反组织规范的任何情形"①，其包含违反法定管辖规定、违反组织选任规定（例如违反公务员任命规则）、违反组织意思表示形成的法定程序（例如合议制决议的程序瑕疵）等情形。②在哈契克的理解中，若要认定组织权力滥用导致行政行为无效，只需确认该瑕疵具有明显性即可，无须另外判断其是否构成重大。其二，哈契克提倡的明显性标准不适用于所有无效行政行为的认定。在他看来，具有不可能实施内容（例如事实不能、法律不能、风俗不能）的行政行为当然构成无效，无关瑕疵明显与否。此种行政行为基于法律逻辑而自始不生效力，即它"自始是作废的，因为它完全不能获得生命"。③ 其三，哈契克所谓的"一望额头便可知"实际是针对专业人士而言，并非以普通公众的认知水平为判断基准。在他看来，明显性标准不是用于认定行政行为外观呈现的瑕疵，而是用来甄别行政行为的内部疾病。④ 就哈契克举出的组织权力滥用而言，此种瑕疵一般隐藏在行政行为作出的内部过程之中。有论者认为，哈契克拟制的观察主体既是通晓法学知识的法律

---

① Julius Hatschek, Lehrbuch des deutschen und preußischen Verwaltungsrechts, 2. Aufl., Leipzig u. Erlangen 1922, S. 94.

② Vgl. Julius Hatschek, Lehrbuch des deutschen und preußischen Verwaltungsrechts, 2. Aufl., Leipzig u. Erlangen 1922, S. 95-98.

③ Julius Hatschek, Lehrbuch des deutschen und preußischen Verwaltungsrechts, 2. Aufl., Leipzig u. Erlangen 1922, S. 10.

④ Vgl. Günter Erbel, Die Unmöglichkeit von Verwaltungsakten, Frankfurt am Main 1972, S. 99-100.

人，又是了解全部行政过程的知情人。①

哈契克的观点虽然具有开拓性，但是尚不成熟。同时代学者波尔·安德森（Poul Andersen）对哈契克的主张进行改造。一方面，补充明显重大说的构成要件。安德森认为，撤销规则优先于无效规则，因为行政行为自身要确保其正确性和实效性。要确定撤销和无效的界限，行政行为有效或无效的问题就应先尽量避免争议。为了实现这一目标，在考察瑕疵是否构成明显之前，应先判断瑕疵是否符合重大性特征，因为倘若将一般违法的瑕疵（即使具有明显性）认定为无效，那么势必会引发大量争议，导致国家自我证明力丧失。② 经过安德森的理论修正，无效行政行为认定标准从单一的明显违法标准扩展至重大且明显违法标准。另一方面，扩大明显重大说的适用范围。安德森没有将明显重大说局限于组织权力滥用情形，而是将其通用于所有的行政行为无效情形。比如，哈契克认为不可能实施的行政行为之所以构成无效，仅是基于法律逻辑。而安德森认为，此种瑕疵属于绝对的内容瑕疵，可以适用明显重大说。该瑕疵的"一目了然"发生在将行政行为的内容与实定法进行比对的认知过程中。③

---

① Vgl. Erich Schiedeck, Die Nichtigkeit von Verwaltungsakten nach § 44 Absatz 1 VwVfG, Regensburg 1993, S. 24.

② Vgl. Thomas Spitzlei, Nichtiges Verwaltungshandeln, Tübingen 2022, S. 55, 71.

③ Vgl. Günter Erbel, Die Unmöglichkeit von Verwaltungsakten, Frankfurt am Main 1972, S. 100.

　　尽管安德森全面改造了哈契克的观点，可是他主张的明显性仍然不是直接感知的明显性，而是通过法律涵摄间接推导出的明显性。① 也就是说，他依旧坚持哈契克的立场，将明显性的观察主体拟制为法律专家。对于明显性的诠释，马克斯·英博登（Max Imboden）提出了不同的看法。他认为，明显性要件属于消极要件，即不是所有的明显瑕疵都会构成无效，但是不明显的瑕疵肯定不构成无效。② 而对明显性内涵的解读，应符合法律语言本身的含义。人们通常指称的"明显"应是无须经过特别思考的直接明显，其应以普通公众的认知水平为判断基准。倘若在认知过程中嵌入专门的事实审查和法律审查，那么从文义来看，系争瑕疵谈不上"一望额头便可知"。③ 由此可见，英博登将明显性的判断主体调整为没有特殊资质的社会平均人。

（二）竞争性观点的出现

　　20世纪上半叶，德国学界曾出现与明显重大说并立的三种竞争性观点，即意思形成说、违法即无效说、个案式利益衡量说。在明显重大说萌芽的年代，这些观点都是流行一时的学说。

---

　　① Vgl. Günter Erbel, Die Unmöglichkeit von Verwaltungsakten, Frankfurt am Main 1972, S. 100-101.

　　② Vgl. Thomas Spitzlei, Nichtiges Verwaltungshandeln, Tübingen 2022, S. 71.

　　③ Vgl. Günter Erbel, Die Unmöglichkeit von Verwaltungsakten, Frankfurt am Main 1972, S. 101.

首先是意思形成说，其主张行政行为撤销和无效的区分取决于国家意思形成的瑕疵形态。瓦特·耶利内克（Walter Jellinek）提出，国家活动本质是人的活动，行政机关的行为与普通公民的行为存在心理学上的逻辑联结。① 前者以国家的意思形成为基础，后者以私人的意思表示为前提。② 据此，行政行为瑕疵理论可以借鉴民事法律行为瑕疵理论。以民法为模板，行政行为的瑕疵可区分为主体瑕疵、客体瑕疵、形式瑕疵、有悖事实正确性的瑕疵；③ 行政行为的瑕疵后果可区分为无效（绝对不生效）、溯及既往的撤销、面向未来的撤销、不得撤销。④ 不同类型的瑕疵引发何种类型的瑕疵后果主要依据的是被违反的法规范的重要性。⑤ 其中，主体瑕疵、客体瑕疵、形式瑕疵所违反的法规范相对重要，所以这三类瑕疵通常引发行政行为无效。有悖事实正确性的瑕疵一般指行为主体的意思表示错误，其法律意义低于前三类瑕疵，所以此类瑕疵通常引发行政行为

① Vgl. Bernd Bender, Der nichtige Verwaltungsakt, DVBl 1953, S. 33.

② Vgl. Walter Jellinek, Der fehlerhafte Staatsakt und seine Wirkungen, Tübingen 1908, S. 6-28.

③ Vgl. Walter Jellinek, Der fehlerhafte Staatsakt und seine Wirkungen, Tübingen 1908, S. 29-43.

④ Vgl. Walter Jellinek, Der fehlerhafte Staatsakt und seine Wirkungen, Tübingen 1908, S. 45-53.

⑤ Vgl. Hans Kelsen, Über Staatsunrecht, Grünhutsche Zeitschrift für das Privat-und öffentliche Recht der Gegenwart 1914, S. 69-75.

撤销。① 而对于前三类瑕疵，耶利内克进一步将其涉及的法规范区分为必须规定与应当规定。前者具有强制性，比如行政机关必须在地域管辖权限范围内作出行政行为；后者具有倡导性，比如行政机关应当在办公场所作出行政行为。区分实益在于，违反前者的行政行为构成无效，违反后者的行政行为构成撤销。②

其次是违法即无效说，其主张违法的行政行为应构成无效。汉斯·凯尔森(Hans Kelsen)提出，行政行为是否构成无效，本质是法律逻辑的问题，其并非由国家权威性决定，而是由个体知性把握。③ 在纯粹的形式逻辑中，所有实定规范都具有同等的法律意义，因为"对于法律解释以及实定法理论与实务而言，所有(规范)都是判断国家行为是否存在的认知根据"。④ 若要将事实构成归属于国家，就必须考察实定法意义的归属条件(形式和内容)是否成就。即使仅欠缺一个条件，这种归属也是无法成立的。⑤ 根据这一原理，只要行政机关的行为抵触法律，

---

① Vgl. Walter Jellinek, Der fehlerhafte Staatsakt und seine Wirkungen, Tübingen 1908, S. 104.

② Vgl. Hans Kelsen, Über Staatsunrecht, Grünhutsche Zeitschrift für das Privat-und öffentliche Recht der Gegenwart 1914, S. 70.

③ Vgl. Hans Kelsen, Über Staatsunrecht, Grünhutsche Zeitschrift für das Privat-und öffentliche Recht der Gegenwart 1914, S. 55.

④ Hans Kelsen, Über Staatsunrecht, Grünhutsche Zeitschrift für das Privat-und öffentliche Recht der Gegenwart 1914, S. 85.

⑤ Vgl. Erich Schiedeck, Die Nichtigkeit von Verwaltungsakten nach §44 Absatz 1 VwVfG, Regensburg 1993, S. 14.

就不能归属于与法秩序具有同一性的国家，也就不会产生法律
效果。① 基于此，实定法无须特别强调欠缺某一条件的行政行
为构成无效，因为只要行政行为欠缺实定法预设的合法性条件，
就可以按照通常的逻辑法则被推定为无效。纵使实定法有时明
文规定无效事由，这种规定也只具有宣示功能，不产生特殊的
法律意义。② 值得注意的是，凯尔森并不否认撤销在实定法上
存在的可能性。他认为，如果立法者主动打破沉默，在实定法
中明确规定行政行为的瑕疵构成撤销，那么应当承认撤销规则
的法律效力。这种规则并不建立在形式逻辑的基础上，而是由
国家基于自身权威而作出的特别安排。从性质上看，实定法中
的撤销可被视为附条件的无效，其需要经过国家特殊程序的审
查判断，产生的无效后果可能溯及既往，可能面向未来。任何
撤销事由必须由实定法明文列举，否则应适用无效事由的一般
规则。③

　　最后是个案式利益衡量说，其主张要区分行政行为无效和
撤销，必须一律采用个案决疑的方法，衡量相关利益和价值。
恩斯特·冯·希佩尔（Ernst von Hippel）提出，通过形式逻辑的
方法关联行政行为瑕疵与瑕疵后果的思路是不成立的，因为行

　　①　Vgl. Bernd Bender, Der nichtige Verwaltungsakt, DVBl 1953, S. 33.
　　②　Vgl. Hans Kelsen, Über Staatsunrecht, Grünhutsche Zeitschrift für das Privat-und öffentliche Recht der Gegenwart 1914, S. 86.
　　③　Vgl. Hans Kelsen, Über Staatsunrecht, Grünhutsche Zeitschrift für das Privat-und öffentliche Recht der Gegenwart 1914, S. 87-89.

政行为不具有先验性，其属于经验性和目的决定性的概念产物。判断主体应个案斟酌具体法律规范和事实构成，特别是悉心考察其所欲实现的价值状态。[1] 对此，判断主体需要整体考察违法情形对私人利益的影响、违法情形自身的严重程度、行政行为的本质与社会功能、瑕疵后果与瑕疵发生可能性之间的关联、瑕疵后果与被违反规范的法律效力之间的关联，以及因目的解释而类推适用私法规范所应受到的限制。[2]不过，希佩尔完全否定行政行为瑕疵认定的类型化思维，而是要求全部通过个案决疑的方法，确定行政行为是否构成无效。他认为，将特定瑕疵对应特定瑕疵后果的类型化规则是无法证立的，因为这会导致法律解释的僵化，不利于法之目的的实现。需知，任何法律解释都必须回溯至具体的法律规范和事实构成。虽然判断主体有时会在个案中重复适用某种瑕疵状态和解决方法，但是这种重复现象没有先验性质，其基于人类生活和价值的统一体而产生，且并不等同于该统一体本身。只有以个案决疑取代类型建构，才能使得对违法行政行为的处理始终符合规范的具体目的。[3]

---

① Vgl. Erich Schiedeck, Die Nichtigkeit von Verwaltungsakten nach §44 Absatz 1 VwVfG, Regensburg 1993, S. 20-21.

② Vgl. Ernst von Hippel, Untersuchungen zum Problem des fehlerhaften Staatsakts, Berlin 1924, S. 71-83.

③ Vgl. Ernst von Hippel, Untersuchungen zum Problem des fehlerhaften Staatsakts, Berlin 1924, S. 66.

(三) 相关见解的比较

在联邦德国建立之前，明显重大说、意思形成说、违法即无效说、个案式利益衡量说均是判断行政行为无效的代表性观点。后三种见解在之后的理论演进中，要么被其他学说吸收，要么被历史长河淹没。它们都未能与明显重大说真正形成抗衡之势。这是因为三种竞争性观点均存在严重缺陷，而明显重大说可以弥补其不足。

较之于意思形成说，明显重大说不会引发错误类推私法理论的疑虑。意思形成说以民法上的意思表示理论为参照，而此种意思表示理论以私法自治为前提。问题在于，行政行为的法律效果是基于法律规定而产生，并非由当事人意思确定。① 之所以强调这一点，是因为耶利内克错误地将存在主体瑕疵、客体瑕疵或形式瑕疵的行政行为一般认定为无效，而将有悖事实正确性的行政行为一般认定为撤销。这一思路参考了私法中无效规则和撤销规则的立法目的，即前者主要从外部视角为私法自治划定国家管制的界限，若生抵触则导致民事法律行为的效力被彻底否定；后者主要从内部视角支持私法自治的展开，若

① Vgl. Marcus Schladebach, Der nichtige Verwaltungsakt, VerwArch 2013, S. 190.

生抵触则应容留民事法律行为效力修复的可能性。① 然而与民事法律行为不同的是，行政行为具备有效推定性，所以其纵然存在主体瑕疵、客体瑕疵或形式瑕疵，也不宜原则上被认定为无效。同时，行政法侧重"法无授权不可为"，并非围绕私法自治而展开，所以行为主体即使存在意思与表示不一致或意思表示不自由，也不宜令行政行为简单复制民法上的撤销制度。与意思形成说不同的是，明显重大说是基于公法原理而产生的学说。适用者不必担心陷入公法和私法混淆的泥淖，更不用害怕出现方法论上的乞题谬误（petitio principii）。② 应当看到，在 20 世纪初期，民法学远比行政法学成熟。彼时部分学者借助民法理论建构行政行为理论，实属正常现象。但是随着行政法学的不断发展和完善，势必会产生去私法化的学术共同体意识。意思形成说的衰落和明显重大说的流行，体现的正是行政法学主体地位的提升。

　　较之于违法即无效说，明显重大说不会违反行政行为有效推定性原理。在德国行政法中，有效推定性始终是行政行为理论的核心内容，其要求行政行为无效和撤销之间应是"例外和

---

　　① Vgl. Franz Jürgen Säcker/Roland Rixecker/Hartmut Oetker/Bettina Limperg, Münchener Kommentar zum BGB, München 2021, Vor § 116 Rn. 20f.; Wolfgang Hau/Roman Poseck, BeckOK BGB, 66. Edition, München 2023, § 134 Rn. 1f.

　　② Vgl. Ernst von Hippel, Untersuchungen zum Problem des fehlerhaften Staatsakts, Berlin 1924, S. 46-52.

一般"的关系。相应的理论依据是行政实效性保护、法安定性保护与信赖保护。① 然而，违法即无效说不承认行政行为具备有效推定性，令无效和撤销之间逆转为"一般和例外"的关系。② 之所以如此，是因为凯尔森坚称国家就是法，而违法的行为不能归属于国家。按照这种理解，无效行政行为其实就是非行政行为（Nicht-VA）。③ 该思路将导致无效情形的范围无限膨胀，其结果会使法秩序空洞化。产生这一问题的根源在于，凯尔森错误地将法律与政治、社会和伦理等因素分离。他没有意识到，行政行为会因为违反不同目的的法律规范而造成不同程度的利益侵害，并由此引发不同性质的瑕疵后果。④ 与违法即无效说不同的是，明显重大说建立在行政行为有效推定性的基础上。依其见解，违法的行政行为通常被推定为有效，一般适用撤销规则；当瑕疵的严重性达到重大且明显的程度时，行政行为才例外适用无效规则。而单独设定明显性要件，更是契合作为有效推定性理论依据的法安定性保护与信赖保护，这是因为，如果行政行为的违法性已经明显到"一望额头便可知"，那么当事人的信赖利益便不值得保障，现行法秩序不会因为当事人不履

---

① ［韩］金东熙：《行政法Ⅰ》，赵峰译，中国人民大学出版社 2008 年版，第 231 页。

② Vgl. Thomas Spitzlei, Nichtiges Verwaltungshandeln, Tübingen 2022, S. 43-44.

③ Vgl. Bernd Bender, Der nichtige Verwaltungsakt, DVBl 1953, S. 33.

④ 参见严益州：《论无效行政行为的认定》，载《法学家》2023 年第 2 期，第 160~163 页。

行执行义务而发生混乱。由此可见，明显重大说可以避免掉进违法即无效说的思维误区，有助于实现法的目的。

较之于个案式利益衡量说，明显重大说不会令法安定性缺乏保障。法安定性是法治主义的重要内容，其要求行政机关的行为后果可以被人民清晰预见。虽然个案式利益衡量说符合行政法实质化发展趋势，但是其过分侧重个案决疑的思路无疑走向了另外一个极端。有论者批评到，希佩尔只看到了法正义性，却忽略了法安定性。① 过度强调个案决疑，会徒增司法审查难度，导致法院裁判流于恣意。而法安定性的缺失会最终伤害法正义性，因为不受约束的主观判断会使得以正义之名作出的瑕疵认定结果背离社会公众对正义内容的一般期待。其实，进行价值导向的思考，并不要求在所有案件中一律采用决疑法。通过类型化的规则建构而确立衡量基准，可以简化思维负担，帮助判断主体妥当进行瑕疵认定。② 与个案式利益衡量说不同的是，明显重大说通过设定重大性要件和明显性要件，为行政行为无效和撤销确立了相对简洁明确的区分标准。更重要的是，明显重大说并不排斥无效事由的类型化。比如，哈契克将因明显违法而导致行政行为无效的事由限定在组织权力滥用情形之中。安德森将行政行为瑕疵依次类型化为管辖瑕疵、形式瑕疵、

---

① Vgl. Fritz Ossenbühl, Die Rücknahme fehlerhafter begünstigender Verwaltungsakte, Berlin 1965, S. 35-36.

② Vgl. Fritz Ossenbühl, Die Rücknahme fehlerhafter begünstigender Verwaltungsakte, Berlin 1965, S. 38-39.

程序瑕疵、内容瑕疵和行为能力瑕疵，并将当中最为严重的形式瑕疵和内容瑕疵确立为无效事由。① 由此可知，明显重大说更加重视法安定性，对瑕疵认定的价值判断设置了更多的制约。

二、 1945 年之后的无效行政行为理论演进

(一)明显重大说的流行

纳粹政权覆灭，联邦德国建立。立法者基于过往的惨痛教训，决定重建行政法院制度，对行政诉讼的受案范围进行概括式规定，以实现人民权利的无漏洞救济。② 此时，强化对行政行为的司法审查已成为德国社会的共识。如何对违法性程度最高的无效行政行为进行甄别处置，成为行政法学界最关注的问题之一。多数学者表态支持明显重大说。③ 比如，汉斯·彼得斯(Hans Peters)宣称："当重大的内容瑕疵本身可被感知，且经理性考量不得主张其效力时，(行政行为)构成无效。这样的情形包括无须经过特别的法律审查或事实审查而毫无疑问可

① Vgl. Ernst von Hippel, Rezension zu „Ungültige Verwaltungsakte" von Poul Andersen, AöR 1929, S. 139.

② Vgl. Friedhelm Hufen, Verwaltungsprozessrecht, 9 Aufl., München 2013, § 2 Rn. 20-21.

③ Vgl. Herwart Heike, Die Evidenztheorie als heute maßgebliche Lehre vom nichtigen Verwaltungsakt, DÖV 1962, S. 416.

被感知的法律不能或事实不能。"①爱德华·伯蒂歇尔（Eduard Bötticher）认为，只有明显严重的瑕疵才会导致行政行为无效，而除此之外的瑕疵都不足以否定国家的权威性。②卡尔·赫尔曼·乌勒（Carl Hermann Ule）提出，对无效行政行为而言，瑕疵的重大性和明显性缺一不可，如果瑕疵只满足重大性特征，那么行政行为的瑕疵后果只能是撤销，而不是无效。③

　　明显重大说之所以在联邦德国时代能够得到广泛认可，极为重要的原因是该学说被认为契合《基本法》所确立的实质法治主义，即"国家行为之主要诉求不在于在形式上保障个人自由，而在于在实质上创造合乎正义的法规范状态"。④贝恩德·本德尔（Bernd Bender）在 1953 年发表的论文中系统运用实质论的思想诠释明显重大说，为其注入强大的理论活力。他认为，行政行为瑕疵后果的确定，取决于瑕疵涉及的价值状态，而法安定性是任何情形下必须被考虑的重要法价值。在法安定性的指引下，利害关系人的信赖利益应被保护，不同的行政机关应当能够相互预测对方行为的效力。也正是为了实现法安定性，行政

---

　　① Hans Peters, Lehrbuch der Verwaltung, Berlin 1949, S. 167.

　　② Vgl. Eduard Bötticher, Die Zulässigkeit des Rechtswegs und die Inzidentkontrolle durch die ordentlichen Gerichte, DVBl1950, S. 327.

　　③ Vgl. Carl Hermann Ule, Die Lehre vom Verwaltungsakt im Licht der Generalklausel, in: ders., Verwaltung und Verwaltungsgerichtsbarkeit: ges. Aufsätze u. Vorträge 1949-1979, Köln 1979, S. 103.

　　④ Ernst-Wolfgang Böckenförde 语，转引自黄舒芃：《什么是法释义学?》，台湾大学出版中心 2020 年版，第 37 页。

行为应原则上被推定为有效。若行政行为的瑕疵存有疑义，则相应的瑕疵后果只能是撤销，而不是无效。① 在证成行政行为瑕疵认定的实质化立场后，本德尔进一步对明显重大说展开分析。在他看来，只有瑕疵同时满足明显性和重大性时，行政行为才构成无效。一方面，设立明显性要件的意义在于确定法安定性的适用限度。虽然法安定性令行政行为具备有效推定性，但是当瑕疵具有明显性特征时，利害关系人应当预见行政行为被提起争讼的可能性，其信赖利益便不值得保护，法安定性就可能让步于对立价值。另一方面，设立重大性要件的意义在于诠释法价值的受侵害程度。瑕疵明显性无法单独证立行政行为的无效后果，否则明显的轻微瑕疵(如书写错误、标记错误、计算错误等)也会令行政行为丧失效力。只有明显的瑕疵对法价值造成了无法容忍的侵害时，维持行政行为效力的正当性基础才真正不复存在。② 经过本德尔的实质化改造，明显重大说的影响力迅速提高。在联邦行政程序法典化正式启动之前，明显重大说已被某些学者称为"当今无效行政行为的权威学说"。③

随着明显重大说的认可度不断提高，其支持者对重大性和明显性的理解也发生了分歧。在重大性的解释上，学者之间存在法价值侵害说、期待可能性说和法秩序根本抵触说等不同观

---

① Vgl. Bernd Bender, Der nichtige Verwaltungsakt, DVBl 1953, S. 34.

② Vgl. Bernd Bender, Der nichtige Verwaltungsakt, DVBl 1953, S. 34.

③ Herwart Heike, Die Evidenztheorie als heute maßgebliche Lehre vom nichtigen Verwaltungsakt, DÖV 1962, S. 416.

点。就法价值侵害说而言，本德尔将瑕疵重大性定义为"令人感到无法容忍的法价值侵害"。① 克劳斯·福格尔(Klaus Vogel)则认为，要判断重大违法，应综合考察"被侵害法益的价值、被违反的法规范在法伦理上或社会观念上的重要性、侵害的幅度"。② 就期待可能性说而言，乌勒主张"瑕疵是如此严重，以致即使存在该瑕疵的行政行为无法经撤销诉讼而被撤销，也没有人会期待此行政行为具有有效性和拘束性"。③ 就法秩序根本抵触说而言，米夏埃尔·萨克斯(Michael Sachs)宣称重大违法是指"行政行为在任何情况下都无法与法秩序兼容"。④ 不过，这三种见解并非水火不容。比如，赫尔沃特·海克(Herwart Heike)将法价值侵害说与期待可能性说融合，提出瑕疵重大性的认定离不开对个体价值与行政价值的审慎衡量，而这要求法价值所受侵害无法被容忍，以致不能期待相对人会遵守此种严重违法的行政行为。⑤ 萨克斯将法秩序根本抵触说与期待可能性说贯通，提出对法秩序产生根本抵触的瑕疵"必须如此严重

① Bernd Bender, Der nichtige Verwaltungsakt, DVBl 1953, S. 34.

② Klaus Vogel, Die Lehre vom Verwaltungsakt nach Erlass der Verwaltungsverfahrensgesetze, BayVBl 1977, S. 622.

③ Carl Hermann Ule, Die Lehre vom Verwaltungsakt im Licht der Generalklausel, in: ders., Verwaltung und Verwaltungsgerichtsbarkeit: ges. Aufsätze u. Vorträge 1949-1979, Köln 1979, S. 102.

④ Paul Stelkens/Heinz Joachim Bonk/Michael Sachs, VwVfG Kommentar, 10. Aufl., München 2023, § 44 Rn. 103.

⑤ Herwart Heike, Die Evidenztheorie als heute maßgebliche Lehre vom nichtigen Verwaltungsakt, DÖV 1962, S. 417.

违反合秩序行政所设定的要求，以至于无人能够期待存在该瑕疵的行政行为具有约束力"。①

在明显性的解释上，学者之间存在直接明显说和间接明显说这两大对立见解。多数学者支持直接明显说，主张以普通观察者的视角判断行政行为是否构成明显违法。普通观察者是具有理性判断能力的外行人，其无须进行特别的事实调查或是法律思考，便可轻易识别瑕疵的存在。对于普通观察者的具体拟制，可借鉴刑法学上的"外行人平行评价理论"②，即"观察主体不需要具备精确的法律知识，只要站在外行人的立场，对构成要件要素在法律层面和社会层面的意义内涵有必要的认识即可"。③ 少数学者支持间接明显说，其主张以特殊观察者的视角考察瑕疵的明显性。比如，彼得·莱尔歇（Peter Lerche）提倡法律专家说，认为观察主体应当戴上"法律的眼镜"，以法律人的认知水平作为明显性的判断基准。④ 奥托·巴霍夫（Otto Bachof）主张知情人说，认为观察主体应知悉行政行为成立时的所有情

---

① Paul Stelkens/Heinz Joachim Bonk/Michael Sachs, VwVfG Kommentar, 10. Aufl., München 2023, § 44 Rn. 104.

② Vgl. Bernd Bender, Der nichtige Verwaltungsakt, DVBl 1953, S. 37; Herwart Heike, Die Evidenztheorie als heute maßgebliche Lehre vom nichtigen Verwaltungsakt, DÖV 1962, S. 417.

③ 严益州:《论无效行政行为的认定》，载《法学家》2023 年第 2 期，第 163 页。

④ Vgl. Peter Lerche, Ordentlicher Rechtsweg und Verwaltungsrechtsweg, Berlin u. Köln 1953, S. 49.

况(包含不为外人所知的隐藏瑕疵)。① 对于直接明显说和间接明显说的分歧，有学者主张采取调和立场。比如，迪特尔姆·金阿普费尔(Diethelm Kienapfel)提出利害关系人状态中的普通公民说，认为明显性的判断应立足于对利害关系人知悉事实的理性判断，但是仅从具体利害关系人的角度认定瑕疵，会不可避免地带来偏见，所以必须站在普通公民的立场，客观了解利害关系人所掌握的事实情况，并理智地作出是否仍会对行政行为存续产生信赖的判断。②

(二)客观重大说的兴起

在联邦德国时期，不少学者主张用客观化的认定标准替代明显重大说，以克服后者可能带来的恣意性和不可预见性。③由于这些见解反对设定明显性要件，只赞同设定重大性要件，所以它们被统称为客观重大说(objektive Fehlerschweretheorie)。④

---

① Vgl. Otto Bachof, Anmerkung zum Urteil des BGH vom 12. 2. 1951, DÖV 1951, S. 276.

② Vgl. Diethelm Kienapfel, Die Fehlerhaftigkeit mehrstufiger Verwaltungsakte nach dem Bundesbaugesetz und dem Bundesfernstraßengesetz, DÖV 1963, S. 100.

③ Vgl. Thomas Spitzlei, Nichtiges Verwaltungshandeln, Tübingen 2022, S. 95.

④ Vgl. Erich Schiedeck, Die Nichtigkeit von Verwaltungsakten nach § 44 Absatz 1 VwVfG, Regensburg 1993, S. 33-34.

该学说的兴起给明显重大说带来了巨大挑战。在客观重大说的阵营中，较有代表性的学术观点是绝对违法说和客观式利益衡量说。

一是绝对违法说，其主张绝对违法的行政行为构成无效，相对违法的行政行为构成撤销。埃里希·黑恩（Erich Heyen）在1949 年发表的论文中提出，即使采用普通人的认识水平限制明显性的判断，也同样会带来无效行政行为认定的恣意，而正确的做法应是通过对行政行为与法秩序的比较，考察系争瑕疵本身是否在客观上可被辨识。① 受黑恩观点的启发，汉斯·尤利乌斯·沃尔夫（Hans Julius Wolff）创设绝对违法说，尝试"精确分类违法行政行为"。② 在他看来，唯一能够精确界定瑕疵后果的标准就是瑕疵的性质。据此，瑕疵依性质可区分为绝对违法和相对违法，前者引发无效，后者引发撤销。绝对违法是指"行政行为事实不能，或是其在任何情况下（抽象而言）都不得作出；或是简言之，只在任何事实状态中都不可能合法的行政行为才构成无效"。③ 此种违法性的认定，不依赖于具体的事实和规范，判断主体无须经过法律涵摄而可直接得出结论。与之对立，相对违法是指需对客观法的适用进行个案斟酌才能推导

① Vgl. Erich Heyen, Zur Frage der Nichtigkeit und Überprüfbarkeit mangelh-after Verwaltungsakte, SchlHAnz 1949, S. 357-358.

② Hans Julius Wolff, Die Nichtigkeit von Verwaltungsakten, MDR 1951, S. 525.

③ Hans Julius Wolff, Die Nichtigkeit von Verwaltungsakten, MDR 1951, S. 525.

出的行政行为违法，其主要体现为解释错误或涵摄错误。此种违法性往往具有争议性，需要判断主体对具体情况作具体分析。① 沃尔夫认为，上述二分法建立在这样的前提之上：所有的行政行为都是抽象的法规范的具体化，其一般通过将事实情况涵摄至法规范之中而导出法律权利或义务。如果某种行政行为不经涵摄而可被认为得不到客观法上的任何支持，那么便不得认定此种行政行为具有法律效力。反之，如果某种行政行为的合法性在涵摄过程中存有疑问，那么为了保障国家的权威，应先推定其有效，并采用撤销模式。② 在其出版的行政法教科书中，沃尔夫进一步将绝对违法理解为法律不能，意即"行政行为基于客观法而在任何可以设想的生活情形中都不能被容许，或是行政行为因欠缺高权行为自身要求的基础而绝对不得具有法律效力"。③沃尔夫所谓的法律不能是所有无效事由的上位概念，既涵盖事实不能，又包含绝对欠缺法律依据、绝对管辖瑕疵、绝对程序和形式瑕疵、绝对意思瑕疵、绝对内容瑕疵等情形。④ 正因如此，绝对违法说又被称为"不可能说"。

---

① Vgl. Hans Julius Wolff, Die Nichtigkeit von Verwaltungsakten, MDR 1951, S. 525; Hans Julius Wolff, Verwaltungsrecht, Band I, 6. Aufl., München u. Berlin 1965, S. 295-296.

② Vgl. Hans Julius Wolff, Die Nichtigkeit von Verwaltungsakten, MDR 1951, S. 525.

③ Hans Julius Wolff, Verwaltungsrecht, Band I, 6. Aufl., München u. Berlin 1965, S. 297.

④ Vgl. Hans Julius Wolff, Verwaltungsrecht, Band I, 6. Aufl., München u. Berlin 1965, S. 297-300.

二是客观式利益衡量说，其主张通过利益衡量的方法考察瑕疵的客观严重性程度。恩斯特·福斯特霍夫（Ernst Forsthoff）提出，作为明显性判断主体的普通观察者难以被拟制，因为"普通公民对行政及其功能知之甚少，由此不可能存在一般性的、可以被毫无困难地辨认的行政瑕疵"。[①] 同时，为了实现法秩序内含的威严性与拘束力，公共利益应当具有优先地位，而明显重大说过分偏向私人利益，不利于公共利益的维护。[②] 在否定明显性要件之后，福斯特霍夫提出用客观化的利益衡量方法考察瑕疵是否因符合重大性特征而引发行政行为无效。他认为，行政行为不是抽象的逻辑工具，而是在实践的土壤中不断通过经验进行定义与通过学说进行补正的目的性创设。[③] 正因为如此，判断主体不应通过形式论意义的概念界限使得特定瑕疵类型必须强制对应特定瑕疵后果。行政行为无效和撤销之间是程度等级的区分。瑕疵的认定依赖于合目的性的判断，即对行政机关所欲实现的行政利益和私人所欲实现的法安定利益及信赖利益进行比较衡量。由此得出的认定法则是，"如果基于对国家秩序与个人利益的衡量，某一严重的瑕疵足以自始否定行政行为的任何法律效力，那么该瑕疵引发无效；较之轻微的

---

① Ernst Forsthoff, Zur Gültigkeit und Rücknehmbarkeit von Zuweisungsver-fügungen, ZMR 1952, S. 55.

② Vgl. Ernst Forsthoff, Zur Gültigkeit und Rücknehmbarkeit von Zuweisungsverfügungen, ZMR 1952, S. 54.

③ Vgl. Ernst Forsthoff, Lehrbuch des Verwaltungsrechts, Band. I, 10. Aufl., München1973, S. 222.

瑕疵，引发撤销"。① 与希佩尔倡导的个案式利益衡量说不同的是，福斯特霍夫认可瑕疵类型化对于利益衡量的重要性。他提出，为了降低实务操作的负担，应提炼瑕疵类型，而个案决疑法应与瑕疵的类型建构相互联结，即判断主体在瑕疵类型化的基础上对案件事实进行具体斟酌，使认定结果尽可能符合法的价值和精神。② 据此，行政行为瑕疵被区分为管辖瑕疵、行政机关组成人员瑕疵以及其余的程序瑕疵、形式瑕疵、内容瑕疵等类型。③在个案判断系争行政行为构成无效还是撤销时，需要妥当运用类型思维。以"内容瑕疵"为例，常见争议是事实层面的内容瑕疵会产生何种法律后果。福斯特霍夫认为应区隔"内容对任何人不可能实施"和"内容对特定人不可能实施"。经利益衡量可以认定，前者使行政行为自始丧失目的性和现实性，应引发无效；后者令行政行为并未完全丧失替代履行的可能性，应引发撤销。④

（三）相关见解的比较

在联邦德国时期，明显重大说和客观重大说是行政法学界

---

① Ernst Forsthoff, Lehrbuch des Verwaltungsrechts, Band. I, 10. Aufl., München 1973, S. 226.

② Vgl. Ernst Forsthoff, Lehrbuch des Verwaltungsrechts, Band. I, 10. Aufl., München 1973, S. 222, 226.

③ Vgl. Ernst Forsthoff, Lehrbuch des Verwaltungsrechts, Band. I, 10. Aufl., München 1973, S. 229-250.

④ Vgl. Ernst Forsthoff, Lehrbuch des Verwaltungsrechts, Band. I, 10. Aufl., München 1973, S. 242-243.

的两大对立见解。二者的根本分歧在于要不要设定明显性要件。时至今日，这一问题在理论上仍然存在巨大争议。

明显重大说支持设定明显性要件。从理念层面来看，该观点确实值得肯定。在现代社会中，个人是享有自我决定权的主体，无须盲从行政机关的所有命令。当行政行为的违法性逾越公民的"容忍极限"（äußerste Toleranzgrenze）时，该行政行为的效力应当被否定。① 而要划定"容忍极限"，明显性要件发挥关键作用。对于侵益性行政行为而言，"容忍极限"体现为权力服从的期待界限。如果瑕疵已经严重到明显的程度，那么受不利益的当事人对履行义务不具有期待可能性，其可以大胆忽略行政行为的拘束力，不必担心因错过起诉期限而被迫履行行政义务。对于授益性行政行为而言，"容忍极限"体现为信赖保护的容许界限。如果瑕疵已严重到明显的程度，那么受益人不具有值得保护的信赖，此时应当优先使用依法行政原则，确认此种行政行为无效。②

不过，从应用层面来看，明显性要件存在操作上的疑义。明显性判断主体的认知水平不同，得出的瑕疵认定结果便会存在差异。如果依少数人的见解，采用间接明显说，那么接下来究竟应适用法律专家标准还是知情人标准呢？如果依多数人见解，采用直接明显说，那么会发现普通观察者难以被拟制，因

---

① Vgl. Günter Erbel, Die Unmöglichkeit von Verwaltungsakten, Frankfurt am Main 1972, S. 109.

② Vgl. Günter Erbel, Die Unmöglichkeit von Verwaltungsakten, Frankfurt am Main 1972, S. 107, 110.

为任何判断主体的设定终归需要以现实中的人为参照基准，而现实中的人即使与案件事实毫无关联，也会因为成长背景、工作能力和社会地位的区别，对同一事实作出不同评价。究竟将哪一个或哪一群现实中的人抽象为假想的普通观察者具有高度的主观性和不确定性。加之行政领域的法律规范多如牛毛，社会生活的利益关系日趋复杂，使得"社会平均人"的认知水平实际难以被厘定。① 适用明显性要件，可能导致行政行为的瑕疵认定陷入非理性的法学思考。② 有权机关或以明显性要件为媒介，根据自身需要随意提高或降低无效行政行为的认定门槛。违法性程度的判断也将不再取决于案件事实的调查取证，而是更多依赖个人的主观感受。③

客观重大说反对设定明显性要件，因为其敏锐地意识到了明显重大说的操作困境。然而，彻底放弃明显性要件又会带来新的问题。比如，客观重大说立场下的绝对违法说之所以敢于否定明显性要件，是因为其重新诠释了重大性要件。该学说拒绝实质论，主张将无须考察具体事实和规范而可被直接判定违法的行政行为视为无效。这种思考方法将无效行政行为的认定建立在真空环境中，割裂了逻辑分析和经验事实之间的关系。需知，法学具有实践性格，不能罔顾社会现实和法律目的。行

---

① Vgl. Hans Julius Wolff, Die Nichtigkeit von Verwaltungsakten, MDR 1951, S. 524.

② Vgl. Norbert Achterberg, Evidenz als Rechtsbegriff, DÖV 1963, S. 338.

③ Vgl. Thomas Spitzlei, Nichtiges Verwaltungshandeln, Tübingen 2022, S. 79-80.

政行为的瑕疵认定，往往涉及盘根错节的利益关系和动态多元的价值立场。这需要判断主体以可验证的经验事实为基础，结合法律规范所欲实现的目的，对行政行为的违法性程度进行利益衡量。不管结论如何，判断主体都必须认真考察具体事实和规范。所谓可被抽象认知的"绝对违法"只是理论上的空想，不具有实践操作性。① 此外，绝对违法说将法律不能作为所有无效事由上位概念的思路是值得商榷的。有论者认为，该见解使得"法律上的不能为（Nichtkönnen）和不可为（Nichtdürfen）""私法、行政法、刑法和社会法上的障碍事由""客观不能和主观不能""自始不能和嗣后不能"等情形无法得到清晰界定。② 不仅如此，绝对违法说在全面扩张法律不能的内涵和外延时，并未设定对应其原始内容的概念，这便导致法律不能原本匹配的情形无法被准确甄别，甚至可能被人为排除在无效事由之外。③

　　较之于绝对违法说，客观式利益衡量说采取相对缓和的认定思路。该学说支持从实质论的视角考察瑕疵的重大性，只是反对设定明显性要件。问题在于，在排除适用明显性要件之后，瑕疵的实质化认定可能会丧失衡量限制，而判断主体可以任意作出价值判断。适用明显性要件，并以普通公民的认知水平作

---

① Vgl. Bernd Bender, Der nichtige Verwaltungsakt, DVBl 1953, S. 35-36.

② Vgl. Hans Julius Wolff/Otto Bachof/Rolf Stober, Verwaltungsrecht, Band I, 10 Aufl., München 1994, S. 696.

③ Vgl. Günter Erbel, Die Unmöglichkeit von Verwaltungsakten, Frankfurt am Main 1972, S. 20.

为判断基准，本意是为了克服利益衡量的恣意性，使得判断主体始终能以社会通行观念为基础，理性客观地对瑕疵严重性作出评价。① 尽管判断主体的拟制具有难度，但是不能磨瑕毁玉。否定明显性要件的代价，必定是判断基准的缺失，其结果容易令瑕疵认定结论被不当作出。福斯特霍夫本人过分偏向行政利益的态度佐证了这一缺陷。在他看来，行政利益天然优先于私人利益，在对瑕疵认定进行利益衡量时，应侧重保护行政利益。② 倘若引入明显性要件，以社会平均人的视角考察行政行为的违法性，可以发现在现代国家中，行政利益和私人利益是衡量天平上同等重要的砝码，二者不存在绝对的优先次序。要优先保护何种利益，必须根据具体事实和规范作出具体分析。排除明显性的后果就是排除了社会平均人的拟制观察，也就是排除了中立权衡行政利益和私人利益关系的基准视角。

三、 德国行政法法典化背景下的无效行政行为

（一）初始构想：明显重大说主导的统一模式

明显重大说和客观重大说的理论对抗深刻影响了联邦德国

---

① Vgl. Herwart Heike, Die Evidenztheorie als heute maßgebliche Lehre vom nichtigen Verwaltungsakt, DÖV 1962, S. 418.

② Vgl. Erich Schiedeck, Die Nichtigkeit von Verwaltungsakten nach §44 Absatz 1 VwVfG, Regensburg 1993, S. 17.

时代的法律实践。不同法院的司法裁判发生重大分歧。联邦普通法院在 1952 年作出的裁判中采用客观重大说立场下的绝对违法说，认为"行政行为只有在如下情形中才构成无效：纯粹客观而言，在任何可想象的事实状态中，行政行为都不可能依法得到证立"。① 与之相对，联邦行政法院在 1963 年作出的裁判中宣称明显重大说"在当今或许已被视为主流见解"，并且指出"只有行政行为具备如此严重的瑕疵，以致其违法性已然明显，该行政行为才构成无效"。② 而在 1964 年作出的裁判中，联邦行政法院进一步强调，"通说认为，依照一般原则，对于具有判断力的公民而言，只有当特别严重的形式瑕疵或内容瑕疵明显存在时，行政行为才构成无效"。③

在联邦行政程序法典化过程中，立法者最初倾向于明显重大说。1963 年，联邦内政部与各州内政部共同拟定《模范行政程序法草案》（以下简称《模范草案》）。④ 关于无效行政行为的认定，《模范草案》第 34 条采用明显重大说主导的统一模式，确立"概括规定（明显重大违法）+肯定列举规定（明显重大违法的肯定情形）+否定列举规定（明显重大违法的否定情形）"的总分式立法构造。从体系上看，明显重大说统摄概括规定和列举

---

① BGH, Urteil vom 17. 01. 1952-IV ZR 167/50.

② BVerwG, Urteil vom 08. 11. 1963-IV C 123. 62.

③ BVerwG, Urteil vom 07. 10. 1964-VI C 59. 63.

④ 参见严益州：《德国〈联邦行政程序法〉的源起、论争与形成》，载《环球法律评论》2018 年第 6 期，第 162 页。

规定。列举规定从正反两面列出具有典型意义的明显重大违法情形。概括规定从填补漏洞的角度补充列举规定未列出的明显重大违法情形。①

就概括规定而言，立法者首先批评了完全列举式的立法模式，指出其在理论上或许可行，但在实践中毫无价值，因为有的无效事由涉及法律上难以把握的概念（比如"无意义""违反自然法则"等），其需要回溯至概括规定的解释。至于概括规定的内容为何，立法者主张采用明显重大说，而不是客观重大说，因为在其看来，明显重大说不仅是理论和实务上的主流见解，而且尤其适合"弹性运用"。② 在明显性判断主体拟制的问题上，立法者批评了间接明显说，指出利害关系人（知情人）标准将导致无效认定过度主观化，而法律专家标准将导致无效事由过度扩张化。不过，立法者也认为直接明显说的适用不应不加调整。对此，立法者选择"适宜的中间道路"，在概括规定中加入无效行政行为是"依其一切纳入考虑的情况而可被理性判断为明显者"的表述。③

在确立概括规定之后，立法者提出应通过引入列举规定，将抽象的明显重大违法标准具体化，以满足非法律专业人员的实践需求，并从根本上减轻概括规定的适用负担。不仅如此，

---

① Vgl. Carl Hermann Ule/Franz Becker, Verwaltungsverfahren im Rechtsstaat, Köln und Berlin 1964, S. 50-51.

② Vgl. EVwVerfG 1963, Köln und Berlin 1964, S. 153.

③ Vgl. EVwVerfG 1963, Köln und Berlin 1964, S. 153-154.

列举规定可以对概括规定形成必要的适用限制，因为通过概括规定补充无效事由时，应将列举规定作为对照基准。① 基于上述考虑，《模范草案》第34条第2款正面列举了"不能从要式行政行为中识别行政机关""依法律规定仅能以证书形式作出而未以证书形式作出""违反不动产或地域专涉权利或相关法律关系的地域管辖权""对任何人均不可能实施""要求实施刑法禁止的行为""违反善良风俗"六种无效事由。同时，《模范草案》第34条第3款将"违反同条第2款规定之外的地域管辖权""参与人未依法回避""依法应参与的委员会未作成行政行为所需决议或欠缺决议资格""依法应参与的行政机关未参与"等四种情形反向排除在无效事由之外。②

《模范草案》关于无效行政行为认定的制度设计一经公布便引发巨大争议。乌勒与弗朗茨·贝克（Franz Becker）提出，《模范草案》第34条的概括规定与列举规定存在适用冲突。以"参与人未依法回避"为例，在行政程序中为行政机关工作的人员同时是行政行为参与人的，可以涵摄至这一否定列举情形，故依照《模范草案》第34条第3款的规定，其不应导致行政行为无效。如果用概括规定进行二次检验，那么会发现上述情形有时可能引发行政行为无效，如行政机关工作人员在明显违法的前提下对自己作出给付决定。没有受过法学训练的普通人根本无

---

① Vgl. EVwVerfG 1963, Köln und Berlin 1964, S. 154.
② Vgl. EVwVerfG 1963, Köln und Berlin 1964, S. 25-26.

法准确界定"参与人未依法回避"产生的瑕疵后果。①乌勒与贝克的质疑引燃了德国学界批判此种统一模式的导火索。不少学者纷纷加入反对阵营。比如，汉斯·斯帕纳（Hans Spanner）提出，以概括规定统领列举规定，会导致列举规定的虚置，因为不管符合还是不符合列举规定，系争瑕疵都可能经受概括规定的二次检验，行政行为也随时会因无法预见的事由而被确认为无效。在斯帕纳看来，立法者不能既追求法的弹性化，又奢谈法的安定性，最好的解决方案是直接删除概括规定，并对无效事由进行完全列举。②赫尔曼·范贝尔格（Hermann Feneberg）主张，概括规定与肯定列举规定之所以不完全兼容，是因为前者将明显重大违法作为一般标准，而后者列出的无效事由并不都是明显的。实定法应当清晰界分行政行为无效和撤销，彻底消除法的不安定性。正因如此，范贝尔格认为，无效行政行为的认定规范应当去除明显性要件，并且可以采用完全列举模式。③

（二）最终确立：明显重大说与客观重大说并用的混合模式

1966 年，立法者对《模范草案》第 34 条进行了重大修改，

---

① Vgl. Carl Hermann Ule/Franz Becker, Verwaltungsverfahren im Rechtsstaat, Köln und Berlin 1964, S. 52-53.

② Vgl. Hans Spanner, Ein Entwurf eines Verwaltungsverfahrensgesetzes, DVBl 1964, S. 848.

③ Vgl. Hermann Feneberg, Zum Musterentwurf eines Verwaltungsverfahrensgesetzes, DVBl 1965, 224.

在理念上放弃了明显重大说主导的统一模式。① 1976 年公布的
《联邦行政程序法》第 44 条接受了上述修改思路,最终采取明
显重大说和客观重大说并用的混合模式,确立"概括规定(明显
重大违法)+肯定列举规定(客观重大违法的肯定情形)+否定列
举规定(客观重大违法的否定情形)"的平行式立法构造。从体
系上看,明显重大说和客观重大说是同等重要的认定标准。前
者针对概括规定,适用于列举情形之外的瑕疵。后者针对列举
规定,适用于正面列举和反向排除的瑕疵。在审查顺序上,应
先考察列举情形是否存在。若存在,则直接适用列举规定,无
须考察概括规定;若不存在,则再考察概括规定。②

　　首先看肯定列举规定。立法者转向客观重大说,将《联邦
行政程序法》第 44 条第 2 款第 1 句调整为"不论第 1 款(概括规
定)规定的要件是否存在,行政行为于下列情形时无效"。③ 一
般认为,尽管肯定列举规定没有出现客观重大说的概括式定义,
但是其理论根基可追溯至绝对违法说和客观式利益衡量说。④

---

　　① Vgl. Hans Spanner, Der Regierungsentwurf eines Bundes-Verwaltungsver-
fahrensgesetzes, JZ 1970, S. 673.

　　② Vgl. Hartmut Maurer/Christian Waldhoff, Allgemeines Verwaltungsrecht,
20. Aufl., München 2020, § 10 Rn. 87.

　　③ Vgl. Erich Schiedeck, Die Nichtigkeit von Verwaltungsakten nach
§ 44 Absatz 1 VwVfG, Regensburg 1993, S. 34.

　　④ Vgl. Christian Bumke, Verwaltungsakte, in: Andreas Voßkuhle/
Martin Eifert/Christoph Möllers (Hrsg.), Grundlagen des Verwaltungsrechts,
Band Ⅱ, 3. Aufl., München 2022, § 34 Rn. 160.

该规定列举的无效事由被立法者预先评价为客观重大违法,[①]因为其背离了"法治国家行政的最低内容要求"。[②] 与此同时,"不论第 1 款规定的要件是否存在"意味着肯定列举事由不必具备明显性特征,因为立法者希望借此缓解概括规定和列举规定之间的冲突,并使得某些明显性存疑的重大瑕疵也能够得到无效行政行为制度的纠正。[③] 在学理上,肯定列举规定的瑕疵被称为"与明显性无关的无效事由"。[④] 从体系上看,肯定列举规定不再是概括规定的具体化形式,而是后者的例外规定。有学者认为,肯定列举规定与概括规定平行适用、互不相关。[⑤] 也有学者认为,概括规定对肯定列举规定具有辅助解释功能,其目的是确保法安定性,使肯定列举事由的重大违法程度与概括规定要求的瑕疵严重性程度保持实质一致。[⑥] 不管采用上述何种见解,肯定列举规定针对的是客观重大瑕疵。在认定过程中,

---

① Vgl. Michael Krugmann, Evidenzfunktionen, Berlin 1996, S. 150-151;Paul Stelkens/Heinz Joachim Bonk/Michael Sachs, VwVfG Kommentar, 10. Aufl., München 2023, §44 Rn. 110.

② Martin Will/Christian Rathgeber:Die Nichtigkeit von Verwaltungsakten gem. §44 VwVfG, JuS 2012, 1059.

③ Vgl. Thomas Spitzlei, Nichtiges Verwaltungshandeln, Tübingen 2022, S. 135-136.

④ Hans Julius Wolff/Otto Bachof/Rolf Stober/Winfried Kluth, Verwaltungsrecht, Band I, 13 Aufl., München 2017, S. 604.

⑤ Vgl. Paul Stelkens/Heinz Joachim Bonk/Michael Sachs, VwVfG Kommentar, 10. Aufl., München 2023, §44 Rn. 100.

⑥ Vgl. Thomas Spitzlei, Nichtiges Verwaltungshandeln, Tübingen 2022, S. 145-146.

不必引入明显性审查。

再看否定列举规定。《联邦行政程序法》第 44 条第 3 款与 1963 年《模范草案》第 34 条第 3 款虽然内容一致，但是其解释结论存在分歧。一种观点认为，否定列举规定适用客观重大说，因为否定列举事由也属于绝对无效事由的范畴，其与肯定列举事由共同构成客观重大违法的两个面向，即前者在任何情形中都不会引发无效，后者在任何情形中都会引发无效。① 另一种观点认为，否定列举规定适用明显重大说，因为立法者没有对其明确排除概括规定的适用，其仍可以被视为概括规定的具体化，所针对的是不构成明显重大的典型瑕疵。② 本书倾向于前一种观点。联邦议会在立法理由中，已经清楚说明具有否定列举情形的行政行为"不得依第 1 款(概括规定)被认定为无效"。③ 如果否定列举规定和肯定列举规定同属列举规定，却性质相悖，那么会削弱肯定列举规定适用客观重大说的合理性。事实上，德国多数学者也认为，否定列举事由即使依概括规定符合明显重大违法的特征，也不能引发行政行为无效，因为立法者已经基于其客观违法

---

① Vgl. Günter Erbel, Die Unmöglichkeit von Verwaltungsakten, Frankfurt am Main 1972, S. 105; Thomas Mann/Christoph Sennekamp/Michael Uechtritz, VwVfG Kommentar, Baden-Baden 2014, §44 Rn. 44; Paul Stelkens/Heinz Joachim Bonk/Michael Sachs, VwVfG Kommentar, 10. Aufl., München 2023, §44 Rn. 110.

② Vgl. Thomas Spitzlei, Nichtiges Verwaltungshandeln, Tübingen 2022, S. 140-142.

③ BT-Drucksache 7/910, S. 64.

性程度，预先将其评价为一般瑕疵。① 综上，否定列举规定适用
客观重大说，不必考察瑕疵明显性。

　　最后看概括规定。立法者保持明显重大说的立场，将《联邦
行政程序法》第 44 条第 1 款规定为"行政行为具有特别严重的瑕
疵，依其一切纳入考虑的情况而可被理性判断为明显者，无效"。
关于重大违法的含义，立法者没有特别说明。实务中，联邦行政
法院曾采用法秩序根本抵触说，认为重大违法是指系争瑕疵"在
任何情况下都无法与法秩序兼容"。② 而在之后的判决中，联邦行
政法院采用法价值侵害说，认为重大违法"一如既往地是指，它
使得行政行为令人完全无法容忍，意即行政行为与基础性的宪法
原则或是法秩序内含的基本价值观无法兼容"。③ 不过，联邦行政
法院认为重大违法的基本内涵"并没有因《联邦行政程序法》的生
效而改变"，因此法价值侵害说可以融合法秩序根本抵触说。④ 关
于明显违法的理解，立法者要求明显性的"理性判断"应当"依其
一切纳入考虑的情况"而作出。⑤ 一般认为，《联邦行政程序法》

---

　　① Vgl. Paul Stelkens/Heinz Joachim Bonk/Michael Sachs, VwVfG
Kommentar, 10. Aufl., München 2023, §44 Rn. 158; Jan Ziekow, VwVfG
Kommentar, 4. Aufl., Stuttgart 2020, §44 Rn. 3, 17; Klaus Obermayer,
VwVfG Kommentar, 3. Aufl., Neuwied u. Kriftel 1999, §44 Rn. 14.

　　② BVerwG, Urteil vom 11. 02. 1966-VII CB 149. 64; BVerwG, Urteil
vom 16. 07. 1970-VIII C 23. 68.

　　③ BVerwG, Urteil vom 22. 02. 1985-8 C 107/83.

　　④ BVerwG, Urteil vom 22. 02. 1985-8 C 107/83.

　　⑤ Vgl. BT-Drucksache 7/910, S. 63.

第 44 条第 1 款原则上采用直接明显说的立场，要求以无偏见的、细心和理智的普通观察者的视角判断瑕疵是否"一望额头便可知"。① 但是"依其一切纳入考虑的情况"这一便宜性规定保留了间接明显说的适用空间。如果案件具有特殊性，那么可以例外适用利害关系人所属群体的一般认知标准②或是法律专家标准③。在适用概括规定时，可以将无效事由区分为明显重大的管辖瑕疵、明显重大的程序瑕疵、明显重大的形式瑕疵和明显重大的内容瑕疵这四种一级类型。每种一级类型之下，又可以进一步探索二级类型，比如明显重大的管辖瑕疵可区分为明显重大的事务管辖瑕疵、明显重大的地域管辖瑕疵、明显重大的层级管辖瑕疵等类型。④ 以明显重大的事务管辖瑕疵为例，征税事务属于税务机关的专属任务，林业机关擅自替代税务机关作出的征税决定与林业机关的任务领域明显不具有事务关联性，故林业机关超越事务管辖权的行为应被评价为无效。⑤

---

① Vgl. Ferdinand Otto Kopp/Ulrich Ramsauer, VwVfG Kommentar, 16 Aufl., München 2015，§ 44 Rn. 12.

② Vgl. Hans-Joachim Knack/Hans-Günter Henneke, VwVfG Kommentar, 10 Aufl., Köln 2014，§ 44 Rn. 31.

③ Vgl. Johann Bader/Michael Ronellenfitsch, VwVfG Kommentar, 59. Edition, München 2023，§ 44 Rn. 17.1.

④ Vgl. Johann Bader/Michael Ronellenfitsch, VwVfG Kommentar, 59. Edition, München 2023，§ 44 Rn. 20-29.

⑤ Vgl. Ferdinand Otto Kopp/Ulrich Ramsauer, VwVfG Kommentar, 16 Aufl., München 2015，§ 44 Rn. 15.

（三）两种模式的比较

仅从结果来看，立法者最终选择混合模式，似乎彰显其优于统一模式。不过，立法路径的优劣并不全然取决于有权机关的抉择。若是检讨统一模式和混合模式各自的立法目标和立法效果，可以发现两种模式孰优孰劣，此乃见仁见智。

较之于混合模式，统一模式的立法目标更具有理想主义色彩。采用统一模式，将概括规定和列举规定确立为总分结构，可以使得认定规范相互支撑。在这一模式中，概括规定属于法律原则，列举规定属于法律规则，二者形成以明显重大说为基础的链条状态。一方面，概括规定构成列举规定的目的价值。当列举规定存在适用争议时，可以回溯至概括规定的解释，而概括规定将发挥评价指引的功能，为列举规定的目的解释或目的性限缩与扩张提供法教义学上的支持，并使得所有列举规定形成取向共同目的的意义整体。① 另一方面，列举规定形塑概括规定的具体样态。概括规定过于抽象，而列举规定借助类型化的方式，使抽象演绎为具体，令概念接近生活。于是，列举规定成为联结内部价值目标与外部生活世界的重要纽带，促使概括规定不断受到生活世界的刺激，使其内在价值不断经受社

① 参见舒国滢、王夏昊、雷磊：《法学方法论前沿问题研究》，中国政法大学出版社 2020 年版，第 164~166 页。

会现实的检验和校正。① 总之，统一模式有助于实现无效行政行为认定规范的体系化，令概括规定和列举规定构成紧密联结的逻辑体系。

然而在立法效果上，统一模式中的概括规定与列举规定容易发生适用冲突。这是因为，并非所有列举事由都适合采用概括规定要求的明显性要件。一种情形是，某些列举事由原则上不宜适用明显性要件。以"要求实施构成刑罚或罚款要件的行为"为例，② 普通公民根本无法胜任罪与非罪的精确区分以及罚款与不罚款的清晰界定工作，判断主体对此应当具备专业的法学知识。③ 尤其对于犯罪行为，既然国家已经给予严厉的否定性评价，那么就不能够仅以明显性缺失为由，承认要求实施犯罪的行政行为具有效力，否则会纵容犯罪发生，导致法秩序错乱。另一种情形是，某些列举事由例外不宜适用明显性要件。以"基于事实原因而对任何人均不可能实施"为例，④ 此种瑕疵因使行政行为自始丧失其目的和意义而原则上具有明显性特征。

---

① 参见黄茂荣：《法学方法与现代民法》(增订七版)，台北自版2020 年版，第 452~455 页。

② 1963 年《模范草案》第 33 条第 2 款第 5 项原本列举的是"要求实施刑法禁止的行为"。《联邦行政程序法》第 44 条第 2 款第 5 项将其扩充为"要求实施构成刑罚或罚款要件的行为"。

③ Vgl. Thomas Spitzlei, Nichtiges Verwaltungshandeln, Tübingen 2022, S. 131-133.

④ 1963 年《模范草案》第 33 条第 2 款第 4 项原本列举的是"对任何人均不可能实施"。《联邦行政程序法》第 44 条第 2 款第 4 项将其限缩为"基于事实原因而对任何人均不可能实施"。

但是对于"技术不能"等特殊情形，不宜进行明显性审查，因为技术具有高度专业性，普通公民不具有相应的判断能力，并且即使对专业人员而言，"技术不能"也往往是在行政行为作出一段时间之后才会外观可知。① 由此可见，概括规定和列举规定之间的冲突样态颇为复杂，而统一模式似乎难以克服这些冲突。

与统一模式相比，混合模式的立法目标体现出折中主义思维。立法者希望用明显重大说和客观重大说实现取长补短，消弭单独适用一种学说而产生的负面后果。为此，混合模式以双轨制的形式对明文列举的瑕疵和未明文列举的瑕疵分别采用差异化的瑕疵认定方法。一方面，列举规定适用客观重大说。只要系争瑕疵符合列举规定的构成要件，就直接产生列举规定预设的法律后果，无须再经过概括规定的二次判断。采用这种方式，"要求实施构成刑罚或罚款要件的行为"或"技术不能"等明显性存疑的违法情形便可被顺利归入无效事由。另一方面，概括规定适用明显重大说。只有列举规定情形以外的瑕疵，才既需要被判断重大性，又需要被判断明显性。明显重大说的适用空间被限缩在立法者没有明文列举的瑕疵范围内。于是，概括规定和列举规定之间形成了一条泾渭分明的界线。这条界线的两侧各自对应不同的瑕疵，并由此适用不同的认定标准。正因为适用对象被严格区分，所以概括规定和列举规定在理论上便

---

① Vgl. Thomas Spitzlei, Nichtiges Verwaltungshandeln, Tübingen 2022, S. 131.

可以互不干扰，二者各自发挥自身的功能意义。①

　　遗憾的是，就立法效果而言，混合模式在一定程度上牺牲了法律体系的融贯性。融贯性是"法治的结构性原则"②，其包含消极和积极两个面向。前者要求规范之间逻辑自洽、不相冲突，后者要求规范之间积极关联、相互支持。③ 采用混合模式，或许可以在形式上令概括规定和列举规定不存在明显冲突，但是这种立法思路只能勉强维持消极融贯性，无法真正实现积极融贯性，因为概括规定和列举规定分别依据不同的认定标准、针对不同的适用对象，这使得二者的内在关联性被极大削弱，并导致其难以发挥评价上相互证立的意义。尽管有学者试图从解释论的角度论证混合模式立场下的概括规定对列举规定具有辅助解释功能，但是这种功能的地位不能被高估，因为两种规定依据的认定标准存在差异，其结果是概括规定无法发挥目的价值作用，而列举规定的适用者可以根据自身需要，选择参照或不参照概括规定。由于概括规定和列举规定不能与同一价值理念始终保持一致，二者自然难以通过互相借鉴来理解自身，也就无法在法律论证中完全消弭彼此的矛盾。总而言之，混合

---

① Vgl. Erich Schiedeck, Die Nichtigkeit von Verwaltungsakten nach § 44 Absatz 1 VwVfG, Regensburg 1993, S. 35-37.

② 雷磊：《融贯性与法律体系的建构——兼论当代中国法律体系的融贯化》，载《法学家》2012 年第 2 期，第 5 页。

③ 参见雷磊：《融贯性与法律体系的建构——兼论当代中国法律体系的融贯化》，载《法学家》2012 年第 2 期，第 4 页。

模式存在融贯性不足的弊端，从长远来看可能损害无效行政行为制度的体系化建构。①

四、 我国行政法法典化背景下的无效行政行为

在我国，1989 年制定的《行政诉讼法》没有确立无效行政行为制度，但是当时已有学者主张，存在严重缺陷的行政行为可以被认定为无效。② 1996 年出台的《行政处罚法》第 3 条第 2 款采用了"无效"的法律术语，其规定"没有法定依据或者不遵守法定程序的，行政处罚无效"。不过，多数学者认为，彼时《行政处罚法》指称的"无效"与行政法学理上的"无效"存在抵触，因为《行政处罚法》列举的无效类型既包含重大且明显违法情形，又包含一般违法情形。③

---

① 德国法学界近年来有观点提出，立法者应当令概括规定放弃适用明显重大说。Vgl. Walter Georg Leisner, Nichtigkeit eines Verwaltungsakts（nur）bei Offensichtlichkeit der besonders schweren Fehlerhaftigkeit?, DÖV 2007, S. 669-676.

② 参见王珉灿主编：《行政法概要》，法律出版社 1983 年版，第 122~123 页。

③ 参见沈岿：《法治和良知自由——行政行为无效理论及其实践之探索》，载《中外法学》2001 年第 4 期，第 467 页；赵宏：《法治国下的行政行为存续力》，法律出版社 2007 年版，第 234 页；马怀德：《〈行政处罚法〉修改中的几个争议问题》，载《华东政法大学学报》2020 年第 4 期，第 15 页。

尽管法律上的规定存在缺憾，但是最高人民法院仍对无效行政行为制度进行了不少探索。① 如 2000 年最高人民法院颁布的《关于执行〈行政诉讼法〉若干问题的解释》(以下简称《若干解释》)第 95 条规定了不予执行裁定。最高人民法院法官认为，不予执行裁定制度借鉴了大陆法系上的无效行政行为理论。如果行政行为存在"明显缺乏事实根据""明显缺乏法律依据""其他明显违法并损害被执行人合法权益"等情形，那么该行为"都是无效的，不具有执行力"。② 然而，有学者批评道，即使该观点符合起草者的立法原意，但是将《若干解释》第 95 条"作为判断行政行为无效的标准，也显然缺乏明确性"。③

直到 2014 年修改《行政诉讼法》之时，无效行政行为认定标准才被正式纳入法律。修改后的《行政诉讼法》第 75 条规定："行政行为有实施主体不具有行政主体资格或者没有依据等重大且明显违法情形……人民法院判决确认无效。"2018 年最高人民法院公布的《关于适用〈行政诉讼法〉的解释》(以下简称《行诉解释》)第 99 条将"重大且明显违法情形"进一步类型化为："行政行为实施主体不具有行政主体资格"(以下简称"不具有行政主体资格")、"减损权利或者增加义务的行政行为没有法律规

---

① 参见叶必丰：《最高人民法院关于无效行政行为的探索》，载《法学研究》2013 年第 6 期，第 44 页以下。

② 江必新：《司法解释对行政法学理论的发展》，载《中国法学》2001 年第 4 期，第 42 页。

③ 参见赵宏：《法治国下的行政行为存续力》，法律出版社 2007 年版，第 235 页。

范依据"(以下简称"没有依据")、"行政行为的内容客观上不可能实施"(以下简称"客观上不可能实施")、"其他重大且明显违法的情形"。

在未来的行政法典中,如何恰当设定无效行政行为制度是必须慎重考虑的重要问题。迄今为止,我国无效行政行为制度存在如下疑问:其一,是否应当采取重大且明显违法标准主导的统一模式?除这一标准外,理论上还存在其他的认定标准。这些标准对统一模式构成了挑战。其二,如何正确诠释重大且明显违法标准的内涵?重大且明显违法可拆解为"重大违法"与"明显违法"。对于二者的理解,理论尚未形成共识,实践容易产生困惑。其三,如何恰当定位重大且明显违法标准的类型?目前的学说拘泥于行政行为无效类型和撤销类型的含义区分,忽略了二者的意义关联,导致无效类型的规则脱离法律体系内部相关规则的支持和证立。接下来,本书将对这三个问题展开探讨,希冀能够回应当前争议,助力我国行政法的体系化。

(一)重大且明显违法标准主导的统一模式

我国行政法学界普遍认可的重大且明显违法标准脱胎于德国法上的明显重大说。在学理上,除明显重大说之外,意思形成说、违法即无效说、个案式利益衡量说、客观重大说(绝对违法说和客观式利益衡量说)等见解均可能成为无效行政行为的认定标准。从前述德国行政法的演进来看,明显重大说战胜了前三种观点，但是无法对客观重大说形成绝对优势。归根结底是因为明显重大说和客观重大说均深刻洞察出对方的理论困境，但是都不能完全取代对方。明显重大说主张设立明显性要件，但是难以克服该要件的操作争议。客观重大说反对设立明显性要件，但是它要么割裂了逻辑分析与经验事实的关系，要么缺失了必要的判断基准。时至今日，两种观点仍处于理论对抗中。由此可见，我国行政法上的重大且明显违法标准只是一种相对合理的见解，其并非无可指摘。即使我国立法者已经采纳该标准，学者也必须不断对其进行批判性检验。只有最大限度地令该标准向批评开放，并尽最大努力探究该标准隐含的缺陷，无效行政行为的认定结果才会最大限度地接近正确。

我国目前的实定法采取统一模式，令重大且明显违法标准统摄概括规定和列举规定。德国立法者原本也是采用明显重大说主导的统一模式，但是最终选择混合模式，即令概括规定适用明显重大说，令列举规定适用客观重大说。经分析可知，两种模式各有利弊。统一模式的优点是体系性更强，缺点是难以消除概括规定与列举规定之间的适用冲突。混合模式的优点是实用性更强，缺点是牺牲了概括规定与列举规定之间的积极融贯性。既然我国采用了统一模式，就必须直面其可能存在的争议。应当看到，单一适用重大且明显违法标准的确存在诸多问题，但是提升法律体系的融贯性亦是不能被忽视的法治要求。如何有效调整单一标准自身的理论内涵和实践方法，令其弥合概括规定与列举规定之间的内在冲突，是对行政法学者的考验。

本书提倡采用重大且明显违法标准主导的统一模式，以确保我国行政法典的体系融贯性。融贯性体现出"法律的内在道德"，是衡量法律体系完善程度的关键指标。法律体系的融贯性越强，法律适用就越能实现统一性和可预见性。这不仅是法律形式的逻辑要求，也是一种超越法律的道德准则。① 高度融贯的法律体系一方面使相同情形得到相同对待，令个人可以合理安排自身生活，清晰预测行动后果；另一方面使法安定性在"在一种（融贯）体系导向的规制而非无序与分散的规制中被实现"。② 关于无效行政行为的立法，本书认为应在重大且明显违法标准的整体框架下，使概括规定和列举规定实现交互支持。概括规定可以作为法律原则，明确列举规定的目的价值，并为其实施提供评价指引，确保价值判断上的一致性。列举规定则具体化概括规定，使之与现实生活紧密联系，不断受到实际情境的检验，从而维持其社会适应性。不断深化概括规定与列举规定之间的内在关联性，可以有效提高行政法体系的融贯程度。

针对客观重大说的批评，可以从解释论的角度调整对明显性要件的理解。行政行为违法性的认定应区分事实认定与法律评价两个层面。③ 无效行政行为明显性要件的功能意义主要针

----

① 雷磊：《融贯性与法律体系的建构——兼论当代中国法律体系的融贯化》，载《法学家》2012年第2期，第4~5页。

② 雷磊：《融贯性与法律体系的建构——兼论当代中国法律体系的融贯化》，载《法学家》2012年第2期，第5页。

③ 日本法上也存在"瑕疵原因事实的明显性"与"瑕疵的明显性"的区分。参见王贵松：《行政行为无效的认定》，载《法学研究》2018年第6期，第165页；[日]盐野宏：《行政法总论》，杨建顺译，北京大学出版社2008年版，第107页。

对法律评价，意即从一般理性人的视角对原因事实的违法性程度作出评价。一般理性人是无偏见的、有理性判断能力的普通人。① 有学者认为，一般理性人的拟制可借鉴刑法学上的"外行人领域的平行评价理论"，② 意即观察主体不需要具备精确的法律知识，只要站在外行人的立场，对构成要件要素在法律层面和社会层面的意义内涵有必要的认识即可。③ 至于事实认定，并非明显性要件的作用领域。原因事实存在与否，一般难为案外第三人所知晓。即使对案件当事人而言，行政行为本身也可能存在需要查证的重要隐藏事实（如行政机关工作人员贪腐）。对此，德国《联邦行政程序法》第44条第1款明确规定，无效行政行为是"依其一切纳入考虑的情况而可被理性判断为明显者"。有学者认为，这里的"依其一切纳入考虑的情况"是要求普通观察者知悉行政行为作出时的全部情况。④ 在我国，无效行政行为制度向来具有争议。为了减少争议，瑕疵认定理应建

---

① Vgl. Ferdinand Otto Kopp/Ulrich Ramsauer, VwVfG Kommentar, 16 Aufl., München 2015, §44 Rn. 12.

② Vgl. Bernd Bender, Der nichtige Verwaltungsakt, DVBl 1953, S. 37; Herwart Heike, Die Evidenztheorie als heute maßgebliche Lehre vom nichtigen. Verwaltungsakt, DÖV 1962, S. 417; Ferdinand Otto Kopp/Ulrich Ramsauer, VwVfG Kommentar, 16 Aufl., München 2015, §44 Rn. 12;

③ Vgl. Wessels/Beulke/Satzger, Strafrecht Allgemeiner Teil, 43 Aufl., Heidelberg 2013, S. 96; Urs Kindhäuser, Strafrecht Allgemeiner Teil, 8. Aufl., Baden-Baden 2017, S. 224.

④ Vgl. Hans Julius Wolff/Otto Bachof/Rolf Stober, Verwaltungsrecht, Band I, 10 Aufl., München 1994, S. 696.

立在案件事实清楚的基础上，避免遗漏关键证据，否则在利益衡量时，判断主体会设置错误的衡量要素，生成不当的衡量结果。因此，在事实认定层面，不必强求原因事实的明显性。可见，将明显性要件的适用范围限制在法律评价层面，可以有效回应客观重大说提出的质疑，并更好地支持统一模式的适用。

(二) 重大且明显违法标准的概念内涵

本书主张，重大且明显违法标准应纳入利益衡量的方法论视野。① 众所周知，违法行政行为原则上被推定为有效，具有存续力，非经法定撤销途径而不失效力。承认违法行政行为的有效推定性，本身就是利益衡量的结果，目的在于维护法安定性原则。② 然而，这种推定并非不受限制。如果系争瑕疵逾越一般人的"容忍极限"(äußerste Toleranzgrenze)，以至于法安定性原则无法为之辩护，那么同样经利益衡量，可以将某些违法性程度极高的行政行为认定为无效。③ 违法行政行为的有效与无效，归根到底取决于利益权衡。依循这一思路，我们可以对重大且明显违法标准的两个构成要件作如下理解：之所以要求

① 相同观点参见王贵松：《行政行为无效的认定》，载《法学研究》2018 年第 6 期，第 169 页。反对观点参见张青波：《拒绝权视角下的无效行政行为》，载《环球法律评论》2019 年第 3 期，第 74 页。

② Vgl. Heiko Faber, Verwaltungsrecht, 4. Aufl., Tübingen 1996, S. 186 f.

③ Vgl. Günter Erbel, Die Unmöglichkeit von Verwaltungsakten, Frankfurt am Main 1972, S. 109.

重大违法，是因为违法行政行为对个体利益或公共利益的侵害必须足以令维护该行政行为有效推定性的法安定性原则作出让步。之所以要求明显违法，是因为只有重大瑕疵具有明显性，利害关系人才可以大胆忽略系争行政行为的拘束力，避免因误判瑕疵而作出错误的行动决策，[①] 而判断主体才能以社会通行观念为确信，避免因主观恣意而滥用价值判断。[②]

1. 重大违法

就重大违法的具体解释而言，我国目前存在重要法规说、权益重大影响说与法秩序根本抵触说。本书主张从利益衡量论的角度适用法秩序根本抵触说。

重要法规说认为，重大违法是指行政行为违反了重要法规，以至于欠缺本质的合法性要件。至于何为"重要法规"，则应从法规的目的、意义和作用等方面加以探究。[③] 重要法规说虽然在一定程度上克服了机械推理的弊端，但是还不足以恰当诠释重大违法。其一，抵触同一规范的行政行为有时会发生不同的瑕疵后果。比如，违反《婚姻登记条例》第 5 条与第 7 条的冒名婚姻登记，可能因当事人主观恶性与行为损害后果不同，或被

---

① Vgl. Günter Erbel, Die Unmöglichkeit von Verwaltungsakten, Frankfurt am Main 1972, S. 107.

② Vgl. Herwart Heike, Die Evidenztheorie als heute maßgebliche Lehre vom nichtigen Verwaltungsakt, DÖV 1962, S. 418.

③ 参见王贵松：《行政行为无效的认定》，载《法学研究》2018 年第 6 期，第 165 页。

评价为撤销，或被评价为无效。也就是说，若要在个案中将行政行为评价为无效，还必须着重考察系争瑕疵对具体利益的影响程度。规范的价值分量并不足以证立规范的被违反程度，更不足以推论利益的受侵害程度。其二，行政行为有时因欠缺法律规范依据而无效。比如，最高人民法院行政庭认为，《行政诉讼法》第 75 条列举的"没有依据"应包含"毫无依据"的情形，意即侵益性行政行为没有任何法律规范依据。① 在这里，"毫无依据"的行政行为并不因违反某一重要的规范而无效，而是因缺乏规范依据而为法秩序所不容。因而，以规范重要性评价瑕疵严重性的观点或许值得商榷。②

我国最高人民法院采用权益重大影响说，认为"'重大'一般是指行政行为的实施将给公民、法人或者其他组织的合法权益带来重大影响"。③ 权益重大影响说在某些方面采用了利益衡量论的思路，侧重考察利害关系人的利益。然而，判断行政行

① 参见最高人民法院行政审判庭编著：《最高人民法院行政诉讼法司法解释理解与适用》（上），人民法院出版社 2018 年版，第 458 页。

② 德国法上的通说认为，违反重要法规的行政行为并不必然构成重大违法。Vgl. Paul Stelkens/Heinz Joachim Bonk/Michael Sachs,, VwVfG Kommentar, 9. Aufl., München 2018, § 44 Rn. 103; Ferdinand Otto Kopp/Ulrich Ramsauer, VwVfG Kommentar, 16 Aufl., München 2015, § 44 Rn. 8; Katharina Gräfin von Schlieffen/Stefanie Haaß, Grundkurs Verwaltungsrecht, Stuttgart 2018, S. 200; Werner Thieme, Evidenz und Nichtigkeit, DÖV 1962, S. 688.

③ 濮阳市华龙区华隆天然气有限公司因濮阳华润燃气有限公司诉河南省濮阳市城市管理局、河南省濮阳市人民政府确认行政协议无效再审案，载《最高人民法院公报》2022 年第 5 期，第 21 页。

为是否构成重大违法需要全面衡量所有相关利益，并非只权衡利害关系人的权益。即使利害关系人并不认为自己的权益受到重大影响，而公共利益遭受严重损害，系争瑕疵也可能属于重大违法。比如，已婚男子与第三人登记结婚。原配在获得男方提供的经济补偿后，放弃追究他的重婚责任。即便如此，重婚行为违反一夫一妻原则，对现有婚姻秩序与善良风俗造成严重伤害，所以重婚性质的婚姻登记应被认定为无效。① 由此可见，权益重大影响说略显偏狭。

更合理的观点是法秩序根本抵触说。依其见解，重大违法是指系争瑕疵在任何情况下都无法与法秩序兼容，意即它必须严重违反法治主义的要求，以至于无人能够期待存在该瑕疵的行政行为具有约束力。② 需要知道，之所以对违法行政行为进行有效推定是为了保障法安定性。法安定性本质是"法秩序的可信性"（Verlässlichkeit der Rechtsordnung）。③ 因此，要证立行政行为自始不生效力，就需观察法秩序本身是否遭受无法承受的伤害，要不然难以否定法安定性原则的适用。相比其他学说，法秩序根本抵触说具有明显优势：其一，直观说明重大违法。

---

① 参见王中秋：《婚姻无效事由消失的甄别与处理》，人民法院网，https：//www. chinacourt. org/article/detail/2014/07/id/1328783. shtml，最后访问时间：2024 年 6 月 30 日。

② Vgl. Paul Stelkens/Heinz Joachim Bonk/Michael Sachs，VwVfG Kommentar，9. Aufl.，München 2018，§44 Rn. 103 f. .

③ Dürig/Herzog/Scholz，GG Kommentar，97. EL Januar 2022，Art. 20 Rn. 50.

法秩序根本抵触说以法秩序为切入点，考察系争瑕疵所侵害的利益是否与法安定性赖以为基础的利益存在不可调和的矛盾，判断私人对瑕疵的容忍是否具有期待可能性。较之于重要法规说，法秩序根本抵触说可以清晰呈现瑕疵严重性的阈值。其二，全面实现利益衡量。对法秩序受抵触程度的判断，本质是对法安定性与实质正义冲突程度的考察。只要某种利益指向法安定性或实质正义，法秩序根本抵触说便将这种利益纳入权衡范畴。较之于权益重大影响说，该学说可以容纳各种利益(包括公共利益)的比较衡量。

2. 明显违法

对明显违法的具体理解，目前存在法律专家说、行政机关说与一般理性人说。基于利益衡量论的立场，本书支持一般理性人说。

依据法律专家说，瑕疵明显性的判断取决于法律专家的认识水平。因为"公民的感知和认可对于行政行为的效力几乎没有影响，重大且明显的判断权还是在法院"。① 德国学者哈契克其实也认为，"刻在额头上的"明显性应是指具有法律知识的人在对行政行为作出之前的行政全部过程进行观察后，可以毫无

---

① 张祺炜、金保阳：《无效行政行为的司法审查标准与程序规则》，载《人民司法(应用)》2017年第7期，第92页。

困难地认定行政行为存在瑕疵。① 然而，法律专家说有所偏颇。其一，容忍极限不是法律人的容忍极限。无效行政行为制度之所以存在，是因为瑕疵的严重性已经超出了一般人的容忍极限，以至于无人能够接受系争行政行为的拘束力。既然如此，容忍极限的设定基准就应当是普通公众的认知水平，而不是法律专家的认识水平。否则，无效行政行为制度实现的不再是普通公众对国家的拒绝权，而是法律专家对国家的拒绝权。其二，应由法律人裁判不代表应以法律人的专业认知为基准。诚如日本学者星野英一所言，"在利益衡量和价值判断方面，法律家并没有特别的权威……即便法律家，亦只有一介平民，或者说是一个人的资格而已"。② 虽然需要法官裁判争议，但是法官仍可以诉诸社会常识，站在"社会平均人"的角度，对瑕疵的严重程度作出判断。法官的身份是法律人，他的立场可以是一般人。③

也有观点认为，瑕疵明显性的观察基准可以是行政机关的认识水平。在日本，有法院会采用违反调查义务说，即对一般人不明显的瑕疵，对善尽调查义务的行政机关可能是明显的。④

---

① Vgl. Günter Erbel, Die Unmöglichkeit von Verwaltungsakten, Frankfurt am Main 1972, S. 100.

② ［日］星野英一：《现代民法基本问题》，段匡、杨永庄译，上海三联出版社 2012 年版，第 216 页。

③ 参见杨仁寿：《法学方法论之探索》，台湾三民书局 2016 年版，第 59 页。

④ 参见［日］盐野宏：《行政法总论》，杨建顺译，北京大学出版社 2008 年版，第 107 页；王贵松：《行政行为无效的认定》，载《法学研究》2018 年第 6 期，第 166 页。

在我国"郑祖禄案"中，法院认为工商行政机关的工作人员是"普通的'理性人'"，要求申请人出示原件属于一般注意义务，因未履行该注意义务而错误作出的工商登记构成无效。[①] 有学者认为，"这里的一般注意义务或许是以工商行政机关人员的一般水准为标准的……这与日本地方法院采取的违反调查义务说具有相近之处"。[②] 不过上述见解值得商榷。其一，日本法上的违反调查义务说没有明确区分事实认定与法律评价。在某些复杂案件中，要求行政机关诚实履行调查义务，从而将与瑕疵相关的全部情形纳入观察内容，有助于实现个案正义，[③] 但是这仅限于事实认定层面，即瑕疵的原因事实存在与否。至于法律评价，也就是评价原因事实在规范层面具有何种程度的违法性，仍应立足于普通人的认知能力。其二，"郑祖禄案"的拟制观察主体其实是普通公民，并非工商登记机关。法院强调的是"工商行政机关的工作人员作为普通的'理性人'"，落脚点是普通公民可认知的一般注意义务。工商登记机关应当认真审查登记申请材料，其重要意义并不需要借助工商登记机关的专业技能予以判断。

我国最高人民法院采用一般理性人说，认为"'明显'一般

---

① 福建省南平市中级人民法院（2016）闽 07 行终 81 号行政判决书。

② 王贵松：《行政行为无效的认定》，载《法学研究》2018 年第 6 期，第 168 页。

③ Vgl. Otto Bachof, Anmerkung zu dem Urteil des BGH vom 12. 2. 1951, DÖV 1951 S. 276; Hans Julius Wolff/Otto Bachof/Rolf Stober, Verwaltungsrecht, Band I, 10 Aufl., München 1994, S. 696.

是指行政行为的违法性已经明显到任何有理智的人都能够作出判断的程度"。① 该观点是可以成立的。无效行政行为的概念之所以包含明显违法，是为了保障利益实现和约束利益衡量。一般理性人说有助于落实这两个目的。其一，保障利益实现。无效行政行为制度旨在令人民对国家行使拒绝权，以实现实质正义。只有重大瑕疵对"社会平均人"是明显的，瑕疵性质才不容易被误判，利害关系人才能相信自己可以自始不受此种违法行政行为的拘束，并对未来生活的安排形成合理预期。② 其二，约束利益衡量。无效行政行为的认定离不开利益衡量，而利益衡量离不开价值判断。毋庸讳言，任何价值判断都可能受到判断者自身认知水平的影响。设立明显性要件，并以一般理性人的眼光为基准，其实是为了消除价值判断的恣意性，令法律适用者始终能以社会通行观念对瑕疵的严重程度作出客观中立的判断。③

---

① 濮阳市华龙区华隆天然气有限公司因濮阳华润燃气有限公司诉河南省濮阳市城市管理局、河南省濮阳市人民政府确认行政协议无效再审案，载《最高人民法院公报》2022 年第 5 期，第 21 页。

② Vgl. Günter Erbel, Die Unmöglichkeit von Verwaltungsakten, Frankfurt am Main 1972, S. 107; Bernd Bender, Der nichtige Verwaltungsakt, DVBl 1953, S. 102; Carl Hermann Ule, Die Lehre vom Verwaltungsakt im Licht der Generalklausel, in: ders. (Hrsg.), Verwaltung und Verwaltungsgerichtsbarkeit, Köln 1979, S. 102.

③ Vgl. Herwart Heike, Die Evidenztheorie als heute maßgebliche Lehre vom nichtigen. Verwaltungsakt, DÖV 1962, S. 418.

(三)重大且明显违法标准的类型构造

本书主张用融贯论的方法，将行政行为无效类型视为撤销类型的极端状态，使前者的解释以后者为基点而展开。融贯性的层次区分为消极面向和积极面向。消极面向要求逻辑连贯，即规则之间逻辑自洽，不存在明显矛盾。[①] 我国无效行政行为类型化曾经存在逻辑不连贯的问题。比如，1996 年《行政处罚法》第 3 条第 2 款规定"不遵守法定程序"是一种无效类型，[②] 而 1989 年《行政诉讼法》第 54 条第 2 款规定"违反法定程序"是一种撤销类型。然而从文义上看，"不遵守法定程序"与"违反法定程序"的要件内容等同，但是引发的法律后果不同，并且看不出有排除竞合的可能性。这种逻辑矛盾抵触了法律体系最低的融贯性要求。[③] 直到《行政处罚法》2021 年修订，该问题才得

---

① 参见雷磊：《融贯性与法律体系的建构——兼论当代中国法律体系的融贯化》，载《法学家》2012 年第 2 期，第 2~3 页。

② 1996 年《行政处罚法》第 3 条第 2 款规定："没有法定依据或者不遵守法定程序的，行政处罚无效。"

③ 多数学者认为，1996 年《行政处罚法》第 3 条第 2 款规定的无效类型存在外延过于宽泛的问题，其既包含重大且明显违法情形，又包含一般违法情形。这与行政法学理上的"无效"存在抵触。参见沈岿：《法治和良知自由——行政行为无效理论及其实践之探索》，载《中外法学》2001 年第 4 期，第 467 页；赵宏：《法治国下的行政行为存续力》，法律出版社 2007 年版，第 234 页；马怀德：《〈行政处罚法〉修改中的几个争议问题》，载《华东政法大学学报》2020 年第 4 期，第 15 页。

以解决。①

　　融贯性更重要的层次是积极面向，即规则之间的相互支持和证立。所有规则应当置于整个法律体系之中，通过彼此对应与关照来诠释自身的含义与价值。一个规则的解释往往依托于另一个规则的解释，而一组规则透过相互联结又共同促进某个或某些原则的具体实现。② 基于此，设定行政行为无效类型的《行政诉讼法》第75条及其司法解释与设定撤销类型的《行政诉讼法》第70条之间的内在关联性需要得到重视。这不仅包括承认它们在效力上的衍生关系，而且包括肯定它们在评价上的支持关系。前者是指承认《行政诉讼法》第70条与第75条是一般规定与特别规定的关系，因为撤销类型是常态瑕疵，无效类型是特殊瑕疵。后者是指肯定《行政诉讼法》第70条与第75条在权衡适用时的价值统一性，因为无效类型与撤销类型共同支撑瑕疵严重性的认定，二者在实质评价上应当保持一致。

　　在未来的行政法典中，行政行为无效类型与撤销类型应当实现积极的融贯性。立法者仍然可以将撤销类型列举为超越职权、适用法律法规错误、主要证据不足、违反法定程序、滥用职权以及明显不当这六种类型。完全列举撤销类型并不妨碍体系要素的关联整合。当瑕疵严重到重大且明显违法时，原本应

① 2021年《行政处罚法》第38条第2款规定："违反法定程序构成重大且明显违法的，行政处罚无效。"

② 参见雷磊：《融贯性与法律体系的建构——兼论当代中国法律体系的融贯化》，载《法学家》2012年第2期，第3~4页。

引发撤销的瑕疵发生质变，令行政行为无效。所谓质变，是指用重大且明显违法标准对撤销类型逐次切割，抽离出部分极端内容，并确认为无效类型。最终生成的无效类型与既有的撤销类型由此可实现交互理解。所以，应对无效行政行为的列举规定和概括规定作出以下理解。

1. 列举规定

行政法典可以保留《行政诉讼法》第 75 条及《行诉解释》第 99 条明确列举的三种无效类型，但是在解释适用时，必须重视无效类型与撤销类型之间的融贯性。我国部分学者将例示无效类型与撤销类型严格区分，试图通过精确设定概念特征的方法，对无效行政行为进行认定。比如，有学者主张，"不具有行政主体资格"属于"行政行为的主体瑕疵"，"超越职权"属于"行政行为的权限瑕疵"，故行政机构未经授权而以自身名义作出的行政行为，符合"行政行为的主体瑕疵"的概念特征（即"行政主体成立要素存在欠缺，仅具有行政权能，但不能以自己的名义行使权力，不能作为行政诉讼被告对外独立承担法律责任"），因此构成无效。① 上述观点最终导致行政机构擅自作出的行政行为被一律认定为"不具有行政主体资格"。然而，在《行政诉

①　参见滕甜甜：《论行政诉讼确认无效判决之审查标准》，载《河南财经政法大学学报》2022 年第 1 期，第 163 页。相似观点参见梁君瑜：《论行政诉讼中的确认无效判决》，载《清华法学》2016 年第 4 期，第 140 页。

讼法》修改前，此种行政行为一般被认定为"超越职权"。如在
"彭锋案"中，最高人民法院曾明确提出，"行政机关内设机构
在没有法律、法规授权的情况下，以自己的名义对外实施行政
处罚，属超越职权，依法应予撤销"。① 在《行政诉讼法》修改
后，最高人民法院甚至主张此种行政行为有时不可被撤销。比
如在"李山林案"中，最高人民法院认为"损益性行政行为'法无
明文授权即属超越职权'，授益性行政行为不能一概适用这一
标准"，因此信访办公室(内设机构)以自身名义作出《答复告知
书》的行为不构成超越职权，不应当撤销。② 又比如，有学者用
"无法可依"与"有法不依"分别界定"没有依据"与"适用法律法
规错误"。③ 如果将"无法可依"理解为没有任何法律规范依据，
那么随之而来的问题是，至少在《行政诉讼法》修改前，"没有
任何法律依据的行政行为，属于适用依据错误的一种极端表现
形式"。④ 同时，"有法不依"的行政行为也可能被评价为无效，
如剥夺公民生命的行政强制措施虽然具有地方性法规的授权，
但是该授权的规定与《行政强制法》第 10 条严重抵触。由此可

---

① 最高人民法院院行政审判庭编：《中国行政审判案例》(第四卷)，
中国法制出版社 2012 年版，第 155 页。

② 最高人民法院(2016)最高法行申 3007 号行政裁定书。

③ 参见滕甜甜：《论行政诉讼确认无效判决之审查标准》，载《河南
财经政法大学学报》2022 年第 1 期，第 164 页。相似观点参见李荣珍、王
南瑛：《无效行政行为的司法认定研究》，载《甘肃社会科学》2020 年第 6
期，第 127~128 页。

④ 谭剑：《行政行为的撤销研究》，武汉大学出版社 2012 年版，第
69~70 页。

见，无效类型具有撤销类型的"DNA"，二者存在密切的内在关联。

正确的路径应是打破例示无效类型与法定撤销类型的概念闭合性，实现体系要素的关联整合。据此，可以将"不具有行政主体资格"理解为"重大且明显的超越职权"，将"没有依据"理解为"重大且明显的适用法律法规错误"，将"客观上不可能实施"理解为"重大且明显的主要证据不足"与"重大且明显的适用法律法规错误"。在具体认定时，应将系争瑕疵分别与例示无效类型和相对应的法定撤销类型进行比对，个案考察系争瑕疵是否符合例示无效类型的"整体形象"（Gesamtbild）。① 以"不具有行政主体资格"为例，融贯论将该例示无效类型视为"重大且明显的超越职权"，由此在"不具有行政主体资格"与"超越职权"之间形成意义关联。在评价行政机构未经授权而以自身名义作出行政行为的法律后果时，融贯论会将系争瑕疵分别与"不具有行政主体资格"（重大且明显的超越职权）和"超越职权"进行比较观察，并经过个案斟酌而最终得出行政行为无效或是撤销的结论。这种体系性的思考方法，其实是将瑕疵（事实）分别与无效类型（规则1）和撤销类型（规则2）相互接近与调试，而且接近和调试有时会呈现出螺旋状，即通过不断来回地检验

---

① 所谓"整体形象"是指通过考察类型要素在数量与强度上的集合程度，认定案件事实在整体范围内符合类型的形象表现。Vgl. Karl Larenz, Methodenlehre der Rechtswissenschaft, 6. Aufl., Berlin1991, S. 221.

与分析，令事实和规范之间逐渐趋近诠释性的一致。①

2. 概括规定

行政法典可以保留"其他重大且明显违法的情形"这一概括规定。对于该概括规定的类型化，我国行政法界存在两种思路。第一种思路侧重借鉴域外制度经验。比如，有学者"根据有关国外的法律规定和我国学者的研究"，认为"其他重大且明显违法的情形"包括"行政相对人对相应行政行为所确定的义务的履行将导致犯罪或严重违法""行政行为严重违反公序良俗或公共秩序""行政决定未署名，行政主体不明确""行政行为应以书面形式作出而未以书面形式作出"等类型。② 第二种思路侧重提取本土司法经验。比如，有学者通过整理131个司法案例，认为"其他重大且明显违法的情形"包含"损害重大公共利益""不符合法定书面形式""登记机关未履行审慎义务"等类型。③

上述两种思路没有充分考虑概括规定类型与撤销类型的融

① 参见雷磊：《类别法律论证》，法律出版社2011年版，第46页。
② 参见姜明安：《行政诉讼法》（第四版），北京大学出版社2021年版，第352页。此外，胡建淼也主张"参照国外情况"，将"行政主体越权作出行政行为""行政行为没有基本的事实依据""行政行为出于行政主体的意思误解""因相对人通过违法和犯罪手段所获得的行政行为"列入"其他重大且明显违法的情形"。参见胡建淼：《行政诉讼法》，法律出版社2019年版，第476页。
③ 李荣珍、王南瑛：《无效行政行为的司法认定研究》，载《甘肃社会科学》2020年第6期，第130页。

贯性，可能会带来实践上的困惑。就借鉴域外制度经验而言，如果不经过本土法律体系的融贯性检验，那么会产生淮橘为枳的问题。比如，学者所主张的"行政行为应以书面形式作出而未以书面形式作出"或许借鉴自德国《联邦行政程序法》第44条第2款第2项规定的"行政行为依法律规定仅能以证书形式作出而未以证书形式作出"。问题在于，这一无效情形在德国法上主要针对颁发证书行为具有形成效力的案件，比如获准取得德国国籍的外国人未被颁发入籍证书。如果颁发证书仅是出于正当程序目的或是证据目的，那么没有颁发证书的行政行为不构成无效，比如未以证书形式授予驾驶执照或餐饮经营许可。①很显然，上述情形在德国有特殊的适用范围。如果将其置于我国法律体系中进行融贯性检验，那么必然产生的疑问是，为什么该瑕疵不适用"违反法定程序"这一撤销类型？②需知，我国最高人民法院通常将欠缺法定书面形式认定为"违反法定程序"，并根据行政行为是否具有可撤销内容作出应予撤销或是

---

① 在德国法上，如果颁发证书是出于正当程序目的或是证据目的，那么没有颁发证书的行政行为不构成无效，比如未以证书形式授予驾驶执照或餐饮经营许可证。Vgl. Ferdinand Otto Kopp/Ulrich Ramsauer, VwVfG Kommentar, 16 Aufl., München 2015, §44 Rn. 36 f.

② 值得注意的是，胡建森在最新的研究中将"法律规定必须采取书面形式的行政行为不提供书面形式"归入"重大且明显的程序违法"。参见胡建森：《"无效行政行为"制度的追溯与认定标准的完善》，载《中国法学》2022年第4期，第154~155页。

确认违法的判断。① 另外，就提取本土司法经验而言，若无法
学方法的正确指引，仅靠整理裁判文书而直接归纳出无效类型，
令人不无疑虑。② 比如，有学者通过裁判梳理，认为"登记机关
未履行审慎义务"属于无效类型。可是笔者通过检索发现，我
国有不少法院认为，因登记机关未履行审慎义务而造成的登记
错误应导致行政行为撤销。③之所以会有这样的矛盾，乃是因为
仅靠司法裁判总结出的无效类型，是通过归纳法形成的经验性
命题，其性质只是一种"假设"，并非绝对可靠。④ 要提高依经
验总结而出的规则的可靠性，就必须将此种规则与法律体系中
的相关规则进行融贯性分析，考察该规则是否可以获得相关规
则的支持和证立。

本书主张，概括规定的类型建构应当紧密围绕撤销类型而
展开。据此，"其他重大且明显违法的情形"可区分为重大且明

---

① 参见最高人民法院(2020)最高法行申 10356 号行政裁定书；最高
人民法院(2018)最高法行申 3525 号行政裁定书。

② 即使是支持提取本土司法经验的学者，也认为受限于部分法官的
业务水平与裁判文书的样本代表性，应对司法经验保持审慎的态度。参见
梁君瑜：《论行政诉讼中的确认无效判决》，载《清华法学》2016 年第 4 期，
第 145 页。

③ 例如，河南省尉氏县人民法院(2021)豫 0223 行初 11 号；云南省
曲靖市中级人民法院(2019)云 03 行终 44 号；吉林省通化市东昌区人民法
院(2016)吉 0502 行初 68 号；江苏省常州市中级人民法院(2015)常行终字
第 244 号；重庆市九龙坡区人民法院(2015)九法行初字第 00152 号。

④ 参见杨仁寿：《法学方法论》(第二版)，中国政法大学出版社
2013 年版，第 58 页。

显的超越职权、重大且明显的适用法律法规错误、重大且明显的主要证据不足、重大且明显的违反法定程序、重大且明显的滥用职权、重大且明显的明显不当等六种一级类型。这六种一级类型是横向的毗邻类型。每一种一级类型下又可参考学说和实务，进一步探索不同的二级类型。一级类型与二级类型之间，构成纵向的毗邻类型。这种横向与纵向的毗邻类型可形塑"其他重大且明显违法的情形"的类型谱系。① 在考察行政行为瑕疵是否属于"其他重大且明显违法的情形"时，应将目光在上述类型结构中进行横向与纵向的穿梭，并与一般意义的撤销类型进行比对，具体分析系争瑕疵的类型归属。采用此种方法，不但

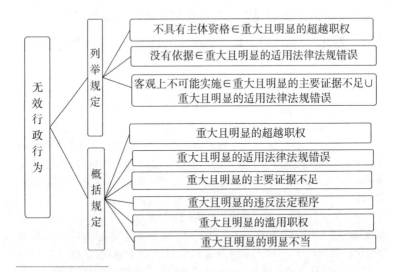

---

① 参见杜宇:《基于类型思维的刑法解释的实践功能》，载《中外法学》2016 年第 5 期，第 1252 页。

可以令概括规定的解释形成清晰直观的类型图景，更使得域外制度经验的借鉴和本土司法经验的提取始终处于我国行政法体系的关联意义之中。此外需要强调的是，各类型之间的边界具有流动性和开放性。随着社会观念的变化与具体情景的更迭，不同类型因边界位移而可能会出现若干过渡样态，需要在个案中予以特殊处理。通过这种弹性化的认知，可以真正建立事实与规范相互照应的关系，摆脱形式推理空洞僵化的阴影。

第三章
行政行为和民事法律行为的纵向协动

行政行为和民事法律行为的关系涉及行政法体系的外延扩展。传统行政法构建在公法原理之上，以行政行为作为行政机关的主要活动方式。然而在现代社会，公法与私法的不断融合导致行政行为和民事法律行为之间出现纵向协动。应对这种协动类型的经典学说是双阶理论（Zwei-Stufen-Theorie），其主张将复杂的生活关系纵向拆分为不同阶段，每个阶段分别适用不同性质的法规范，并采取不同属性的行为形式。双阶理论在德国行政法中具有巨大影响力，因为它提供了一种独特的视角来处理公法与私法的交叉问题。该理论促使行政行为和民事法律行为能够交互支持，从而优化彼此的实施效果。本书将深入考察双阶理论在德国行政法中的发展及其引发的争议，分析其应被继续采纳的原因。同时，本书以政府采购为例，探讨双阶理论在我国行政法中的适用可能性，从而展示该学说在本土法治环境中的重要价值。

一、 双阶理论在德国法上的发展历程

（一）双阶理论的背景

诚如彼得·巴杜拉（Peter Badura）所言，欲讨论双阶理论，必先探究其形成的时空背景。[①] 19 世纪晚期，深受黑格尔法哲

---

① Peter Badura, Das Subventionsverhältnis, Gewerbearchiv1978, S. 146.

学影响①的德国行政法巨擘奥托·迈耶（Otto Mayer）基于国家与社会二分的角度，认为公法与私法必须严格区分：国家与人民之间是命令与服从的关系，故公法是政治国家中控制公权力的强行法；人民内部之间是平等和自愿的关系，故私法是市民社会中实现意思自治的自由法。② 作为公法重要组成部分的行政法所规范的对象是执行性的公权。③ 这种公权力本质是行政机关处于绝对支配性地位并拥有强制力的官权，其边界应被严格限缩在维持公共秩序、保障社会安全的干预行政，④ 所以行政法的主要内容是警察法，行政机关必须恪守依法行政的原则。⑤ 当然，国家亦可能与人民发生经济关系或其他社会关系的往来，但是国家此时并非以官权主体，而是以国库（Fiskus）的身份出现，意即国库是"平常的私人"，与人民之间仅发生私法上的权

---

① Vgl. Reimund Schmidt-De Caluwe, Der Verwaltungsakt in der Lehre Otto Mayers, Tübingen1999, S. 57; Erk Volkmar Heyen, Otto Mayer-Studien zu den geistigen Grundlagen seiner Verwaltungsrechtswissenschaft, Berlin 1981, S. 61ff.

② Vgl. Otto Mayer, Deutsches Verwaltungsrecht, Band I, 3. Aufl., Berlin 2004, S. 13-17, S. 113-121.

③ 迈耶秉承三权分立的思想，区分立法、司法和行政，故行政被视为对立法者所制定法律的执行。Vgl. Otto Mayer, Deutsches Verwaltungsrecht, Band I, 3. Aufl., Berlin 2004, S. 3-13, S. 83.

④ Vgl. Otto Mayer, Deutsches Verwaltungsrecht, Band I, 3. Aufl., Berlin 2004, S. 209; Peter Badura, Verwaltungsrecht im liberalen und im sozialen Rechtsstaat, Tübingen 1966, S. 8.

⑤ Vgl. Otto Mayer, Deutsches Verwaltungsrecht, Band I, 3. Aufl., Berlin 2004, S. 5, S. 18, S. 51, S. 54, S. 64-81, S. 206, S. 209.

利义务关系，所适用的法律是私法意义的民法而不是公法意义的行政法。① 需要注意的是，迈耶不反对行政机关拥有行政形式选择自由，即行政机关在活动的过程中拥有选择公法形式或私法形式的自由，② 但是迈耶并没有讨论行政机关以私主体身份所作出的行为是否应当受到公法约束的问题，相反他强调的是行政机关的行为若满足私法的构成要件，则仅受私法的规范。③

　　20世纪30年代，瓦特·耶利内克(Walter Jellinek)在认同迈耶关于公私法划分的基础上，对公权力行政的内涵加以延展，认为其不仅包括支配关系明显的官权行政，也包括支配关系不明显的单纯高权行政(schlichte Hoheitsverwaltung)，即国家基于公共目的所从事的社会性活动，比如国家进行公共建设、清理公共道路垃圾等。④ 同时，耶利内克也承认仅适用私法的国库行政的存在，比如国家向私人购买土地。不过他认为单纯高权行政与国库行政有时很难区分，比如国营自来水厂的经营既可以归入单纯高权行政，也可以归入国库行政。⑤

---

① Vgl. Otto Mayer, Deutsches Verwaltungsrecht, Band I, 3. Aufl., Berlin 2004, S. 51, S. 118-121.

② 行政形式选择自由理论最早可追溯自德意志帝国时期的判决。Vgl. RGZ 158, 83, 89.

③ Vgl. Ulrich Stelkens, Verwaltungsprivatrecht, Berlin 2005, S. 53; Otto Mayer, Deutsches Verwaltungsrecht, Band I, 3. Aufl., Berlin 2004, S. 138.

④ Vgl. Walter Jellinek, Verwaltungsrecht, 3. Aufl., Berlin 1931, S. 20-22.

⑤ Vgl. Walter Jellinek, Verwaltungsrecht, 3. Aufl., Berlin 1931, S. 24-27.

1938 年，恩斯特·福斯特霍夫（Ernst Forsthoff）出版《作为给付主体的行政》一书，首创德国行政法史上具有跨时代意义的生存照顾理论。福斯特霍夫主张工业化社会的发展已令人民无法自给自足，国家应积极向人民提供水电、煤气、公共交通工具等满足社会生活所必需的生存照顾服务，所以公权力行政的范畴不能局限于传统的干预行政，而是必须扩展至生存照顾领域。① "二战"结束之后，福斯特霍夫将生存照顾进一步延伸至国家向人民提供的一切利益性给付，所以公权力行政的内容应全面包含给付行政和引导行政。此外，福斯特霍夫将行政形式选择自由的范围扩张，主张给付行政和引导行政亦可以采用私法的形式完成。他特别强调，国库行政以营利为目的，不属于公权力行政；生存照顾以公益为目的，即使采用了私法的形式，本质仍然是公权力行政。然而在 20 世纪 50 年代以前，福斯特霍夫对私法形式的公权力行政如何受公法约束的问题并未加以探讨。②

综上，迈耶所构建的德国行政法体系乃是围绕警察法意义上的公权力行政展开的。但是随着"单纯高权行政"概念与生存照顾理论的提出，国家与人民之间的经济关系不断从国库行政领域转入公权力行政范畴，以私法形式进行公权力行政的现象

---

① Vgl. Ernst Forsthoff, Die Verwaltung als Leistungsträger, Stuttgart und Berlin 1938, S. 1ff. .

② Vgl. Ernst Forsthoff, Lehrbuch des Verwaltungsrechts, 1. Aufl., München 1950, S. 264-266.

越来越普遍，那么在公法与私法二元对立的年代，人们势必会产生这样的忧虑：国家将假借作为自由法的私法逃脱依法行政原则的约束，长此以往，人民的权益将处于岌岌可危的状态。①

(二) 双阶理论的建构

深受福斯特霍夫学说之影响的汉斯·彼得·伊普森(Hans Peter Ipsen)正是在上述背景下提出双阶理论。② 该理论表面是为了解决补贴③争议所引发的法律救济问题，其实质是对私法形式的公权力行政如何受公法约束问题的回答。20 世纪上半叶，补贴被认为具备两重属性：其一，它属于国库行政④，仅受私法的约束；其二，它属于"特别权力关系"⑤，行政机关仅受

---

① 早在 1928 年，德国学者弗里茨·弗莱纳(Fritz Fleiner)便提出"遁入私法"(Flucht ins Privatrecht)一说。不过，该观点在当时并未引起过多重视。Vgl. Fritz Fleiner, Institutionen des Deutschen Verwaltungsrechts, 8. Aufl., Tübingen 1928, S. 326.

② Peter Badura, Das Subventionsverhältnis, Gewerbearchiv1978, S. 146.

③ 德国法中的补贴是指行政机关以促进公益为目标，对私人提供财产性资助，且不要求获得对等的经济给付。具体形式包括无偿津贴、贷款、担保、事实性补贴。Vgl. Hartmut Maurer/Christian Waldhoff, Allgemeines Verwaltungsrecht, 20. Aufl., München 2020, § 17 Rn. 5 f.

④ Vgl. Birga Tanneberg, Die Zweistufentheorie, Berlin 2011, S. 24.

⑤ Vgl. Herbert Krüger, Das Besondere Gewaltverhältnis, VVDStRL15 (1957), S. 109-110.

行政内部规则的控制，并不受基本权与法律保留原则的约束。①
基于此，补贴申请人仅能被动地接受或拒绝补贴，难以获得法
律上的救济，其具体表现便是 1950 年"联邦政府拒绝为电影
《穿晚礼服的爱娃》提供拍摄贷款担保案"。在本案中，联邦政
府依据自己制定的行政内部规则，主张担保申请人在是否获得
担保的问题上并无法律上的请求权，如果联邦政府确实已经提
供了担保，那么它与被担保人之间的争议仅由普通法院（即民
事法庭）裁决。这也就是说，本案中的担保申请人由于尚未获
得担保，便无法获得任何法律救济。② 对此，伊普森于 1951 年
作出一份法律意见书，对联邦政府的见解展开批判：其一，联
邦政府与贷款被担保人之间的担保关系符合《民法典》第 766 条
以下的诸项规定，系属纯粹的私法关系。唯一存在疑问的是，
联邦政府拒绝提供担保的这一具体行为是否属于公权力行为。
其二，联邦政府若答应提供贷款担保，那么这一决定仅能被认
为是对担保关系的一种保障（Gewährung），它并不等同于民事担
保关系上的意思表示。也就是说，联邦政府决定是否提供担保
的行为与具体如何履行担保的行为应当被截然分开。其三，联

---

① 需要说明的是，德国联邦宪法法院在 1972 年的"监狱服刑者案"
中裁决"特别权力关系"违宪。自此，特别权力关系理论在德国已被废弃。
Vgl. BVerfG 33, 1ff.; Hartmut Maurer/Christian Waldhoff, Allgemeines Verwal-
tungsrecht, 20. Aufl., München 2020, §6 Rn. 24.

② Vgl. Hans Peter Ipsen, Haushaltssubventionierung über zwei Stufen —
Rückblick auf einen rechtsstaatlichen Ansatz in: Vogel/Tipke (Hrsg.), Festschrift
für Gerhard Wacke zum 70. Geburtstag, Köln 1972, S. 140-142, 156.

邦政府决定是否提供担保的行为是公权力行为，而非国库行政。区分公权力行为与国库行政的关键在于，前者旨在完成公共任务，实现公共利益，后者则是国家如私人一般参与经济活动，其首要目标就是营利，公益仅是次要目的。补贴政策的出现，乃是因为国家已不满足于维持公共安全与秩序的角色定位，而是希望积极地影响、塑造与引导经济生活，成为所谓的"经济国家"。国家决定补贴的行为与公共利益的实现紧密相连，当属公权力行为。具体到本案中，国家若是决定给德国电影产业提供贷款担保，将有利于扶持德国电影产业的发展，防止德国电影市场被外国电影产业控制，所以这一决定担保的行为无疑是为了实现公益，当属公权力行为。反观履行行为，其仅仅是为了实现上述公益目标的一种执行性手段。人们似乎难以从如何履行担保关系本身出发推导出上述公益目标，所以，履行行为应由私法加以规范。综上，联邦政府拒绝提供担保的行为属于公权力行为，贷款担保申请人有权向行政法院申请救济。①

在1951年意见书的基础上，伊普森于1956年出版《对私人的公共补贴》一书，对双阶理论进行了系统阐述。他将补贴明确区分为两个阶段：第一阶段是决定阶段，即国家是否向私人提供补贴的阶段，适用公法；第二阶段是履行阶段，即国家如何向私人提供补贴的阶段，适用私法。与法律意见书相同的是，

---

① Vgl Hans Peter Ipsen, Haushaltssubventionierung über zwei Stufen — Rückblick auf einen rechtsstaatlichen Ansatz in: Vogel/Tipke (Hrsg.), Festschrift für Gerhard Wacke zum 70. Geburtstag, Köln 1972, S. 142ff.

伊普森仍然是从国家干预主义的角度出发，借用"公益"标准将国家在经济活动中的行为区分为公权力行为与国库行为，并论证补贴的内在目的是为了实现公益，因而国家决定向私人提供补贴的行为应被认定为公权力行为。① 与法律意见书不同的是，伊普森明确否定补贴属于特别权力关系。因为补贴申请人乃是自由的经济主体，他与补贴提供者之间的关系并非行政内部关系，而是外部法律关系。行政机关在补贴领域不得假借行政内部规则逃脱议会与司法部门的监督。②

（三）双阶理论的流行

双阶理论一经提出便得到德国学术界与实务界的广泛重视。该理论不仅有助于保护补贴申请人的权益，而且有利于减少国家在以私法形式活动的过程中滥权的可能性。德国法院目前在处理贷款和担保性质的补贴时，仍然适用这一理论。③ 不过，德国法院将无偿津贴（verlorene Zuschüsse）整体认定为行政行为，采用一元化的行政救济模式。④ 对于事实性补

---

① Vgl. Hans Peter Ipsen, öffentliche Subventionierung Privater, Berlin und Köln 1956, S. 64-66.

② Vgl. Hans Peter Ipsen, öffentliche Subventionierung Privater, Berlin und Köln 1956, S. 72-73.

③ Vgl. BVerwGE 1, 308(310); BVerwGE 13, 47; BVerwGE 13, 307; BGHZ 57, 130.

④ Vgl. BVerwG, NJW1969, 809; BVerwG, NJW1974, 1838, 1839.

贴（Realförderungen）①，德国法院目前仍然在双阶理论②、整体私法论③与整体公法论④之间摇摆不定，尚无明确的见解。除补贴之外，双阶理论的适用目前在德国亦扩展至公法组织形式的公用设施利用、市镇优先购买权行使、国有土地出让等众多领域。⑤随着实践的发展，双阶理论的形式已不仅限于"行政行为+民事合同"的模式而且包含"行政行为+行政合同"的模式。⑥以公法组织形式的公用设施（公立幼儿园、公立游泳馆、公立博物馆等）为例⑦，双阶理论被修正为：第一阶段，是否准许人民使用公用设施的阶段，适用作为公法的市镇法；第二阶段，如何让人民利用公用设施的行为，依照德国最高行政法院与最

---

① 事实性补贴指行政机关在公共采购或国有土地出让等公共活动中对私人给予的优惠措施，如价格优惠、税收优惠等。

② Vgl. BVerwGE 7, 89.

③ Vgl. BVerwGE 14, 65.

④ Vgl. BVerwG DVBl. 1970, 866; BVerwGE 34, 213.

⑤ 市镇优先购买权是指德国的市镇（Gemeinde）依据《建设法典》第24条以下条款之规定，在城市建设的过程中对私人的土地享有优先购买的权利。Vgl. Hans Julius Wolff/Otto Bachof/Rolf Stober, Verwaltungsrecht, Band I, 12. Aufl., München 2007, §22 Rn. 57-63.

⑥ Vgl. Josef Ruthig/Stefan Storr, Öffentliches Wirtschaftsrecht, 3. Aufl., Heidelberg 2011, S. 391; Hartmut Maurer/Christian Waldhoff, Allgemeines Verwaltungsrecht, 20. Aufl., München 2020, §3 Rn. 38.

⑦ 需要注意的是，私法组织形式（有限责任公司、股份公司）的公用设施的使用关系目前在德国一律适用私法。Vgl. Hartmut Maurer/Christian Waldhoff, Allgemeines Verwaltungsrecht, 20. Aufl., München 2020 §3 Rn. 40.

高普通法院的见解，既可以适用私法(民事合同)①，也可以适用公法(行政合同)②。在实务操作上，如果主管机关颁布的公用设施使用规定属于行政法意义上的自治章程，或是其确定应透过行政法意义上的"废止权"(Widerruf)来终止使用关系，或其确定门票的性质属于公法意义上的规费(Gebühren)，那么第二阶段的法律关系应被认定为公法关系。如果主管机关颁布的公用设施使用规定属于民法上的一般交易条款，或是其确定应透过私法意义上的"终止权"(Kündigung)来终止使用关系，或其确定门票的性质属于民事法意义上的使用费(Nutzungsentgelt)，那么第二阶段的法律关系应被认定为私法关系。③

(四)双阶理论的危机

在伊普森提出双阶理论的 20 世纪 50 年代，汉斯·尤利乌斯·沃尔夫(Hans Julius Wolff)亦针对私法形式的公权力行政如何受公法约束的问题提出行政私法理论。沃尔夫先界定公法与私法的具体区分标准。需要指出的是，迈耶所谓的"公法是强行法，私法是自由法"仅是一般意义上认知公法与私法关系的分析性框架。在伊普森与沃尔夫的年代，于个案中如何判别某

---

① Vgl. BVerwGE 32, 333, 334; BVerwGNVwZ 1991, 59.

② Vgl. BVerwGE123, 159, 161f.; BGH DVBl, 1992, 369.

③ Vgl. Hartmut Maurer/Christian Waldhoff, Allgemeines Verwaltungsrecht, 20. Aufl., München 2020, § 3 Rn. 37.

一具体法律规范或某一具体行为的公私法属性，有利益说、主体说、隶属说等各种不同标准。① 伊普森构建双阶理论时，采用利益说。沃尔夫另辟蹊径，创立了目前仍在德国通用的修正主体说，意即国家或其他主体以公权力主体的身份享有权利或承担义务者，其适用的法律规范系专属于国家的职务性规范，故应判别为公法；反之，若某一法律规范对任何人均可适用，则系属任何人之法，故应判别为私法。判断某一具体的行为属于公法还是私法，必须考察该行为所适用的法律规范究竟属于公法还是私法。若所适用的法律规范为公法，该行为属于公法行为，反之则为私法行为。② 事实上，在沃尔夫提出修正主体说后，德国实务界即使采用双阶理论，也是以修正主体说，而非以利益说作为公法和私法的区分标准。

在界定清楚公法与私法的具体区分标准后，沃尔夫进一步指出，行政机关的确拥有选择适用公法或私法的行政形式选择自由，但是这种自由容易导致形式选择的滥用。为防止此种滥用的发生，则必须对这种自由加以限制。沃尔夫将私法形式进

---

① Vgl. Hartmut Maurer/Christian Waldhoff, Allgemeines Verwaltungsrecht, 20. Aufl., München 2020, § 3 Rn. 10-13.

② 对于个案中法规范不明确和公私法规范竞合的问题，目前的修正主体说主张应进一步采用"推定规则说"（Vermutungsregel）和"事实关联说"（Sachzusammenhangstheorie）。Vgl. Hans Julius Wolff, Der Unterschied zwischen öffentlichem und privatem Recht, AöR 1950/51, S. 205ff; Otto Bachof, BVerwG-Festgabe1978, S. 9; Hans Julius Wolff/Otto Bachof/Rolf Stober, Verwaltungsrecht, Band I, 12. Aufl., München 2007, § 22 Rn. 42-44.

行的行政区分为国库行政和以私法形式直接完成行政任务的行政(给付行政、引导行政)。对于前者，行政机关是以私主体身份参与经济生活，无论形式上还是实质上均只受私法的约束。对于后者，行政机关仅仅在"形式"上以私主体身份活动，其"实质"乃是进行公权力行政，并不享有意思自治，故应受到"行政私法"的规范，意即原则上整体适用私法，但同时应受到特定公法规范的约束。① 至于具体受哪些公法规范的约束，沃尔夫本人强调的是受宪法基本权条款的约束。② 但是现今德国行政私法理论则进一步主张该公法约束包含行政法的一般原则、行政程序法中的若干规定、预算法上的限制及公共金融法的一般原则等。③ 与双阶理论一样，行政私法理论在德国学术界与实务界产生了重大影响，其目前被适用于私法形式的行政授权、行政辅助、设施行政、保障行政等诸多领域。④

在传统行政法学背景下，学术界主张以"行政私法"取代"双阶理论"，主要理由如下：

---

① Vgl. Hans Julius Wolff, Verwaltungsrecht I, 6. Aufl., München und Berlin 1965, S. 92-95.

② Hans Julius Wolff, Verwaltungsrecht I, 6. Aufl., München und Berlin 1965, S. 93.

③ Vgl. Hans Julius Wolff/Otto Bachof/Rolf Stober, Verwaltungsrecht, Band I, 12. Aufl., München 2007, §23 Rn. 65-68; BGHZ 91, 84, 97; BGH NJW 1992, 171, 173; BGH NJW 2003, 2451, 2453.

④ Vgl. Hans Julius Wolff/Otto Bachof/Rolf Stober, Verwaltungsrecht, Band I, 12. Aufl., München 2007, §23 Rn. 63.

第一，双阶理论自身本就问题重重①：其一，民事合同是经私法上的要约和承诺而成立。双阶理论则将要约和承诺虚拟化。比如在补贴关系中，人民申请补贴的行为既可以被视作要约，也可以被视作公法上申请行政行为的行为；国家作出实施补贴的通知既可以被视作承诺，也可以被视作行政行为。依据双阶理论，从人民申请补贴到国家作出实施补贴的通知之时，其间所发生的争议均被认定为公法争议，适用公法救济模式。显然，私法上的要约与承诺已没有适用的余地。那么进一步的问题是，民事合同是否可以不再透过民事法律行为，而是直接透过公法上的行政行为而产生呢？其二，统一的生活关系被无端分割成两个法律关系，适用不同的救济途径。问题是两个阶段又难以截然划分。比如在补贴问题的司法实践中，贷款合同中的利息调整有时被认为是第一阶段的公法问题，有时又被认为是第二阶段的私法问题。② 贷款返还请求权性质的确定也有相同的问题。③ 其三，在合同缔结后，倘若第一阶段作出的行政行为被宣告无效或被撤销，那么在第二阶段独立存在的合同究竟是无效、可撤销，还是不受缔约阶段瑕疵的影响呢？

---

① Vgl. Hartmut Maurer/Christian Waldhoff, Allgemeines Verwaltungsrecht, 20. Aufl., München 2020, § 17 Rn. 16-21.

② 认定为公法性质的判决有 BVerwGE 13, 47, 认定为私法的判决有 BVerwG DVBl 1959, 665 和 BGHZ40, 206。

③ 认定为公法性质的判决有 BVerwGE 13, 307 与 35, 170, 认定为私法性质的判决有 BVerwGE 41, 127 和 BGHZ 40, 206。

　　第二，在公私法严格对立的思维下，行政私法理论的确较双阶理论高明。因为无论是民事意思表示虚拟化、两阶段难以划分，还是第一阶段瑕疵对第二阶段影响难以判别，其实都是说同一个问题：公法与私法是对立的，二者之间存在难以逾越的鸿沟，所以一个生活关系要尽量统一在一个法律关系中，适用特定法律原则（依法行政或私法自治）。双阶理论虽然表面上符合传统行政法学思想（防止国家假借"自由法"的私法逃脱"强行法"的公法的约束），但本质上违背了传统行政法学思想（一个生活关系尽量统一在一个法律关系中），这将造成法律内部逻辑的混乱，所以有德国学者扬言应当"告别双阶理论"①。与双阶理论不同的是，行政私法理论将一个生活关系首先整体统一在一个私法关系中，然后横向叠加一些公法性约束。这样便实现了一个生活关系尽量统一在一个法律关系中的目的。②

---

　　①　Vgl. Herbert Bethge, Abschied von der Zweistufentheorie, JR 1972, S. 139ff.

　　②　需要注意的是：沃尔夫所著《行政法》的续写者霍夫·斯托贝尔（Rolf Stober）认为当今的行政私法理论应保持开放的状态，其构造不仅包含公法和私法在同一层面叠加的形式，而且包含公法和私法在不同层面联结的形式（即双阶理论）。但是施密特·阿斯曼和霍克·石雷特（Volker Schlette）不以为然。施密特·阿斯曼认为，行政私法理论仅仅追求"横向整合"，试图将公法与私法融入一个层面；双阶理论通过独立的行政行为和独立的合同对一个生活关系进行"纵向"切割。石雷特则认为，行政私法理论的目的是将争议统一交由民事普通法院裁决，但是双阶理论的目的是将（至少一部分的）争议交由行政法院裁决。所以，行政私法理论和双阶理论根本就是不相容的。本书采纳后者的见解。Vgl. Hans Julius Wolff/Otto Bachof/Rolf Stober, Verwaltungsrecht, Band I, 12. Aufl., München 2007, §23 Rn. 63; Eberhard Schmidt-Aßmann, Das allgemeine Verwaltungsrecht als Ordnungsidee, 2. Aufl., Berlin und Heidelberg 2006, S. 290; Volker Schlette, Die Verwaltung als Vertragspartner, Tübingen 2000, S. 147.

(五)双阶理论的复苏

自 20 世纪 80 年代以来，沃尔夫冈·霍夫曼·金(Wolfgang Hoffmann-Riem)与艾伯哈特·施密特·阿斯曼(Eberhard Schmidt-Aßmann)等学者发表大量论著，力主行政法应以"行政正确"为核心，充分整合行政学、经济学、社会学和政治学等各学科的知识，在公私法关系、行政行为法、行政程序法、行政组织法等各领域进行全面的革新。[1] 在他们看来，公私法对抗意义下的传统行政法学已越来越无法应对民营化、风险社会、信息社会与全球化的挑战，其应积极向新行政法学转型，不再桎梏于以"依法行政"为核心的法教义学，而应着眼于"行政正确"，意即确保行政决定的合法性、最优性与行政相对人的可接受性。[2] 新行政法学思想中的公私法关系应作如下理解：其一，不拘泥于"公法是强行法，私法是自由法"这一对抗性的传

[1]　除霍夫曼·金与施密特·阿斯曼各自发表的论文和专著外，两位学者在 1993 年到 2004 年之间合编十册《行政法改革文集》(Schriften zur Reform des Verwaltungsrechts)。自 2006 年起，这两位学者与时任德国联邦宪法法院院长的安德瑞斯·福斯科勒(Andreas Voßkuhle)召集德国众多教授，以新行政法学思想为指导，合编《行政法要义》(Grundlagen des Verwaltungsrechts)一书。

[2]　Vgl. Wolfgang Hoffmann-Riem, Reform des allgemeinen Verwaltungsrechts：Vorüberlegungen, DVBL 1994, S. 1381ff.

统行政法学思想，而应注重法律的实施效果。① 私法与公法具备不同的实施效果：私法循私人的行为理性，将私人利益置于首位，但在某些情况下也会促成公共利益的实现（通过对单个消费者的权益保护以优化市场环境）。② 私法的优点是灵活，弱点是容易产生权利救济的漏洞。公法循国家的行为理性，将公共利益置于首位，但是某些情况下也会促成私人利益的实现（比如向特定企业提供补贴）。公法的优点是公益实现的可信赖性、效果的可预见性与决定的高度执行性，弱点是刻板僵硬。③ 为了优化法律的实施效果，应充分利用公法与私法的优点，交互使用，弥补各自的不足。这一公私法合作的模式被霍夫曼·金称为"交互支持秩序"（wechselseitige Auffangordnung）。④ 其

---

① Vgl. Wolfgang Hoffmann-Riem, Eigenständigkeit der Verwaltung, in: Hoffmann-Riem/Schmidt-Aßmann/Voßkuhle (Hrsg.), Grundlagen des Verwaltungsrechts, Band I, 2. Aufl., München 2012, S. 689-690.

② Vgl. Eberhard Schmidt-Assmann/Wolfgang Hoffmann-Riem (Hrsg.), Öffentliches Recht und Privatrecht als als wechselseitige Auffangordnungen, Baden 1996, S. 16.

③ Vgl. Martin Burgi, Rechtsregime, in: Andreas Voßkuhle/Martin Eifert/Christoph Möllers (Hrsg.), Grundlagen des Verwaltungsrechts, Band I, 3. Aufl., München 2022, § 18 Rn. 7 ff.

④ 马丁·布吉(Martin Burgi)曾对交互性支持系统概念作进一步改进。他认为，交互性支持系统概念太过狭隘，因为公法与私法之间并非总是互补，有时存在功能失灵（Dysfunktionalität）的情形，如规范冲突和价值冲突等，所以"联合"（Verbund）这一中性概念似可取代"交互性支持系统"一说。Vgl. Wolfgang Hoffmann-Riem, Reform des allgemeinen Verwaltung-srechts: Vorüberlegungen, DVBL 1994, S. 1386-1387; Martin Burgi, Rechtsregime, in: Andreas Voßkuhle/Martin Eifert/Christoph Möllers (Hrsg.), Grundlagen des Verwaltungsrechts, Band I, 3. Aufl., München 2022, § 18 Rn. 36 f.

二，公法与私法合作，并不代表公法与私法不区分。公法与私法的具体区分标准仍可继续沿用修正主体说，但是行政法不应被理解为公法中的部门法域，因为行政法本身包含不少私法规范，比如行政法总论意义下的公法合同在适用过程中存在准用民法规范的情形，作为部门行政法的建设法、经济行政法、环境法、食品安全法、信息保护法中亦包含大量的私法条款。所以，行政法应被理解为公法与私法共同支配下的"行政的法"（Recht der Verwaltung）。① 其三，公法与私法既然互相合作，就应当允许立法者与行政机关享有行政形式选择自由。② 只要不违背宪法，立法者可以基于一定的考量，打破公权力行政适用公法规范的藩篱。行政机关的行政形式选择自由相对有限，其不能抵触现行法律的规定，并应充分尊重公法上的保护性与程

---

① Vgl. Martin Burgi, Rechtsregime, in： Andreas Voßkuhle/Martin Eifert/Christoph Möllers（Hrsg.），Grundlagen des Verwaltungsrechts, Band I, 3. Aufl.，München 2022，§18 Rn. 3，11.

② 值得注意的是，布吉认为"行政形式选择之自由"的表述是有问题的。他认为，国家选择的并不是行为形式（合同、事实行为），而是一种法体制，即公法或私法，因此更好的表述应当是"法体制选择权限"（Rechtsregimewahlkompetenz）。Vgl. Martin Burgi, Rechtsregime, in： Andreas Voßkuhle/Martin Eifert/Christoph Möllers（Hrsg.），Grundlagen des Verwaltungsrechts, Band I, 3. Aufl.，München 2022，§18 Rn. 28；RGZ 158，83，89；Karl Albrecht Schachtschneider, Staatsunternehmen und Privatrecht, Hamburg 1986，S. 5ff.，253 ff.，261 ff.；Thomas von Danwitz, Die Benutzung kommunaler öffentlicher Einrichtungen-Rechtsformenwahl und gerichtliche Kontrolle, JuS1995, S. 5f.；Dirk Ehlers, in： Schoch/Schmidt-Aßmann/Pietzner（Hrsg.），Der Großkommentar zur VwGO, 16. Ergänzungslieferung，§40 VWGO, Rn. 268.

序性的条款。其四，强调"行政正确"。虽然立法者与行政机关均享有不同程度的行政形式选择自由，但是具体选择何种形式则需要以任务目标为导向，权衡公法与私法各自的实施效果，尽量作出最"正确"的选择。①

　　在新行政法学的认知框架下，行政私法理论显得很不合时宜，这是因为：其一，行政私法看似将公法与私法重叠适用，实际上沿用的是公法与私法对立的旧思维，即孤立地将公法视作强制约束的规范和将私法视作意思自治的规范。事实上，私法同样能起到维护宪法性保障标准的作用。行政私法却忽略了私法的这一功能。其二，行政私法强调行政机关受宪法的约束，特别是基本权的约束。问题是，宪法既不是公法，也不是私法，而应是框架秩序(Rahmenordnung)。国家行为与个人行为均必须受到宪法的约束。将宪法约束完全等同于公法约束的见解是不恰当的。除去宪法性约束，行政私法还主张行政法的一般原则、行政程序法中的若干规定、预算法上的限制及公共金融法的一般原则等公法性约束。问题是这些具体的公法约束至今饱受学界争议，并无明确的共识。其三，行政私法理论强调自身能够一般性适用。问题是在个案中采用何种公私法形式本就应该具

---

① Vgl. Martin Burgi, Rechtsregime, in: Andreas Voßkuhle/Martin Eifert/Christoph Möllers (Hrsg.), Grundlagen des Verwaltungsrechts, Band I, 3. Aufl., München 2022, §18 Rn. 57 ff.

体问题具体分析，何来普遍适用之理？①

　　与对行政私法理论态度迥异的是，新行政法学对双阶理论给予了很高的评价。这是因为：既然很多生活关系难以被归入纯粹的私法关系或纯粹的公法关系，并且将公私法规范横向重叠适用的行政私法理论本身问题重重，那么倒不如将这些复杂的生活关系进行纵向拆解，再将拆解后的各阶段明确归入不同性质的法律关系，明晰各阶段所适用的法规范的具体内容。此外，行政私法理论的视角过分局限于合同双方当事人，对于第三方竞争者权利保护的效果显然不如双阶理论。比如，如果将补贴的决定阶段仅仅视作民法上的缔约阶段，那么补贴申请人的竞争者即使认为行政机关在民事缔约过程中可能存在损害自身权益的违法行为，原则上也必须在合同缔结后再主张自身的权利。如果采用双阶理论，将补贴的决定阶段视作行政行为关系，那么补贴申请人的竞争者完全可以在合同缔结以前提起行政法上的撤销之诉。显然，双阶理论的保护范围更为宽广，该理论更有助于解决一个复杂的生活关系所可能引发的多重法律纠纷问题。在急遽变迁的现代社会中，以灵活性为主要特征的双阶理论不仅有助于提高行政的整体品质，亦能够给予人民更好的法律保护，所以双阶理论被新行政法学视作公私法合作过

---

① Vgl. Martin Burgi, Rechtsregime, in: Andreas Voßkuhle/Martin Eifert/Christoph Möllers（Hrsg.）, Grundlagen des Verwaltungsrechts, Band I, 3. Aufl., München 2022, § 18 Rn. 66.

程中的"高度现代化部分"。①

(六)小结

通过上文论述可知，若要适用将生活关系纵向拆解为公私法属性不同的阶段的双阶理论，必须首先界定公私法的区分标准。在公法与私法二元对立的传统行政法学时代，作为双阶理论创建者的伊普森采用的是利益说，但是德国实务界在适用双阶理论过程中，实际上是以沃尔夫所创立的修正主体说作为德国公法和私法区分的通用标准，即国家或其他主体以公权力主体的身份享有权利或承担义务者，其适用的法律规范系专属于国家的职务性规范，故应判别为公法；反之，若某一法律规范对任何人均可适用，则系属任何人之法，故应判别为私法。判断某一具体的行为属于公法还是私法，则必须考察该行为所适用的法律规范究竟属于公法还是私法。20 世纪末兴起的新行政法学虽然认为公法与私法应该从"对抗"走向"合作"，但是二者仍然必须区分，只是应充分利用公法与私法的优点，将其交互使用，弥补各自的不足。而新行政法学所青睐的公私法区分标准也是修正主体说。

---

① Vgl. Martin Burgi, Rechtsregime, in: Andreas Voßkuhle/Martin Eifert/Christoph Möllers (Hrsg.), Grundlagen des Verwaltungsrechts, Band I, 3. Aufl., München 2022, § 18 Rn. 71; Birga Tanneberg, Die Zweistufentheorie, Berlin 2011, S. 152-154.

然而更重要的结论是：德国双阶理论的正当性基础因行政法学发展而不断变化。随着以警察法为主要内容的公权力行政向给付行政和引导行政扩张，亟待解决的问题是：以私法形式进行的公权力行政应受何种公法规范的约束？双阶理论的出现，有效地解决了这一问题，因此获得了存续。但是随后出现的行政私法理论不断动摇双阶理论的正当性基础，因为在传统行政法学思维中，将生活关系纵向拆解的双阶理论可能导致法律内部逻辑的混乱，而行政私法理论既保证了形式逻辑的完整性，又实现了制约私法形式公权力行政的目的。但是随着新行政法学运动的兴起，行政法的分析方法日渐由教义学上的形式推理变成法律实施效果的具体判断。在这一背景下，双阶理论又获得了新的正当性基础，因为在倡导公法和私法"交互支持"的新行政法学思维中，以灵活性为主要特征的双阶理论在法律实施效果上明显胜过刻板僵硬的行政私法理论。

二、 双阶理论在我国法上的适用争议

根据财政部 2023 年公布的数据，2022 年我国政府采购规模达到 34993.1 亿元，占全国财政支出和 GDP 的比重分别为 9.4% 和 2.9%。[1] 这一数据表明，政府采购在公共资金使用中

---

[1] 参见财政部：《2022 年全国政府采购简要情况》，https：//gks.mof.gov.cn/tongjishuju/202312/t20231225_3923771.htm，最后访问时间：2024 年 6 月 30 日。

的重要地位，其对国民经济的健康发展具有关键作用。正因如此，政府采购应被全面纳入法治轨道，以确保公共资金得到合理使用。然而，政府采购的法律性质在我国尚未明确。为了解决这一问题，部分国内学者试图借鉴双阶理论来阐释政府采购的法律性质，但是该理论并未在学术界取得共识。理论上的不确定性直接导致实务层面操作的混乱。

（一）理论层面：双阶理论尚未成为共识

对于我国《政府采购法》是否已经采用双阶理论的问题，学术界尚未达成一致见解。肯定者认为，对于"采购文件、采购过程和中标、成交结果"所产生的争议，适用"质疑—投诉—行政复议或行政诉讼"的公法救济途径；对于民事合同性质的政府采购合同所产生的争议，适用"和解或调解—仲裁—民事诉讼"的私法救济途径。很显然，我国政府采购被划分为公法与私法两个阶段，采用两种不同性质的救济方式。[1] 否定者认为，第二阶段因政府采购合同所产生的争议应适用民事救济途径。但是第一阶段中的行政复议或行政诉讼针对的是政府采购监督管理部门的处理决定，而不是政府采购行为，故不能据此认定第一阶段的法律关系为公法关系。同时《政府采购法》第 79 条

---

① 参见王锴：《政府采购中双阶理论的运用》，载《云南行政学院学报》2010 年第 5 期，第 147 页。

规定，政府采购当事人若在采购过程中有符合该法第 71 条、第 72 条、第 77 条的违法行为之一，给他人造成损失的，应依照有关民事法律规定承担民事责任，据此应当认定第一阶段的司法救济为私法救济。所以否定者的结论是：我国政府采购整体属于私法性质，不适用双阶理论。①

我国政府采购是否应当采用双阶理论呢？梁慧星早在《合同法》的起草过程中便主张政府采购合同的内容是市场交易行为，并非行政权力的行使，所以政府采购应统一纳入民事合同法的调整范围。② 显然，梁慧星支持的是整体私法论。但是我国更多的学者支持整体公法论。比如，湛中乐等学者在《政府采购法》出台之前便主张"政府采购……本质上是一种行政合同行为"。③《政府采购法》起草立法小组成员于安教授在立法讨论中明确主张"政府采购合同是公法性质的行政合同，具有不同于普通民事债权合同的特殊规则和法律效果"，并且"在行政合同的订立、履行、变更和解除中，行政当事人和合同管理机关

---

① 参见陈天昊：《论我国政府采购行为的法律性质——对暂行制度、立法文件及现行规范的实证分析》，载《政府采购理论与实践》2012 年第 5 期。网络文献来源：http：//www. ems86. com/touzi/html/？23029. html，最后访问时间：2024 年 6 月 30 日。

② 参见梁慧星：《统一合同法的起草与论证》，载《中国律师》1998 年第 1 期，第 66~68 页。

③ 湛中乐、杨君佐：《政府采购基本法律问题研究》（上），载《法制与社会发展》2001 年第 3 期，第 24 页。

享有公共利益所要求的特有权利"。① 可见，于安认为应将政府
采购整体统一为行政协议关系。《政府采购法》公布实施后，仍
有学者呼吁将政府采购整体纳入行政协议关系。其理由不外乎
如下几点：其一，采购人必须依据政府采购法和相关行政法规
所确定的程序选择供应商，并无民法上的缔约自由；其二，政
府采购合同的目的是为了实现公共利益，民事合同的目的是满
足合同当事人营利的需要；第三，采购人在合同履行过程中享
有行政特权。②

(二)实务层面：政府采购性质模糊不清

理论前提没有解决，自然会产生实务争端。试举政府采购
法学上的两个著名案例：

朝阳区财政局撤销区政府采购中心案：北京市朝阳区财政
局撤销区政府采购中心，并将原有的政府采购业务交由社会中
介机构完成。此举旨在让政府采购摆脱行政色彩，令其充分市
场化。③

---

① 朱少平、尤翰林编：《中华人民共和国政府采购法——立法进程
资料汇编》(上册)，中国民主法制出版社 2008 年版，第 47 页。

② 参见肖北庚：《论政府采购合同的法律性质》，载《当代法学》
2005 年第 4 期，第 27~28 页。

③ 参见政府采购信息网：《北京市朝阳区：全国首撤政府采购中心
惹争议》，https：//m. caigou2003. com/article/yllzc？ articleId = 39865713469
2139008，最后访问时间：2024 年 6 月 30 日。

成峰亿通公司诉牡丹江大学案：2005 年 8 月，牡丹江大学委托牡丹江市政府采购中心公开招标采购现代化办公设备及服务。9 月 7 日，项目开标，成峰亿通公司中标。9 月 9 日，成峰亿通公司与牡丹江大学正式签订政府采购合同。9 月 29 日，牡丹江市财政局向成峰亿通公司下达《行政处罚告知书》，认定成峰亿通公司存在恶意串标行为，故宣布"中标结果无效，撤销合同"，并对成峰亿通公司处以采购额千分之十的罚款，将其列入不良记录名单，三年内禁止其参加政府采购活动。由于成峰亿通公司已经开始组织货源，与其他公司缔结了买卖合同，并且已经支付了部分货款，所以因为合同撤销，该公司所要支付的违约金和损失的货款总计高达 47 万元。成峰亿通公司先后向牡丹江市中级人民法院和黑龙江省高级人民法院提起民事诉讼，均告败诉。①

不难发现，在"朝阳区财政局撤销区政府采购中心案"中，朝阳区财政局似乎将政府采购视作纯粹的民事行为，并且试图通过社会中介的力量实现政府采购的"去行政化"。但是，依据《政府采购法》第 1 条和第 9 条，政府采购本就含有优化财政资金使用、宏观调控、廉政建设、保护环境、扶持不发达地区和少数民族地区、促进中小企业发展等公益性目标。如果将政府采购视作纯粹的民事行为，那么是否意味着采购人和采购代理

---

① 参见谷辽海：《中国政府采购案例评析》（第三卷），群众出版社 2007 年版，第 134~141 页。

机构可以仅从经济利益出发，将货物、工程和服务的质量和价格作为唯一的考量呢？事实上，谷辽海先生曾针对本案指出，"作为商业机构的社会中介根本不可能贯彻政府采购的政策功能，价格便宜的产品中标是他们的惟一理念"。[1] 在"成峰亿通公司诉牡丹江大学案"中，依照牡丹江市中级人民法院的观点，财政局单方面宣布撤销政府采购合同，并对供应商进行行政处罚的授权依据来自《政府采购法》第 13 条和第 77 条第 1 款第 3 项，意即若供应商存在串标等违法行为，中标结果无效，政府采购监管部门有权对其进行行政处罚。[2] 但是如成峰亿通公司所主张的，依照《政府采购法》第 43 条之规定，政府采购合同适用民法意义上的合同法，所以有权行使管辖权的机构只能是人民法院或者仲裁机关。[3] 可以说，两个案例都反映出实务界对政府采购性质认识不清。如何正确处理政府采购的公权力特征和市场交易特征之间的关系，恰当确定政府采购的法律性质已是实务中亟待解决的重要问题。

　　总之，实务操作的困难源于理论认知的不足。对于我国《政府采购法》是否已经采用双阶理论的问题，关键是必须明确我国区分公私法的标准是什么。虽然 2007 年"物权法违宪之

---

　　① 政府采购信息网：《北京市朝阳区：全国首撤政府采购中心惹争议》，https：//m. caigou2003. com/article/yllzc？ articleId = 398657134692139 008，最后访问时间：2024 年 6 月 30 日。

　　② 参见牡丹江市中级人民法院(2005)牡民商初字第 57 号。

　　③ 参见谷辽海：《中国政府采购案例评析》(第三卷)，群众出版社 2007 年版，第 137 页。

争"一度令"公私法的区分"成为学术界的热点话题,① 有学者甚至提出"统一公法学"的构想,② 但遗憾的是,我国学术界至今仍对公私法的区分标准缺乏一致的见解。更为重要的问题是,我国《政府采购法》是否应当采用双阶理论,因为这关系到双阶理论存续的正当性基础。显然,政府采购兼具公权力特征和市场交易特征,然而整体私法论和整体公法论往往过分执着于其中的一个特征,刻意忽略另外一个特征。这种片面的思维方式不仅无助于理论问题的解决,而且将加深实务层面的困惑。

三、 双阶理论在我国法上的适用立场

他山之石,可以攻玉。德国的修正主体说和新行政法学思想均有助于厘清我国《政府采购法》目前适用双阶理论过程中所遭遇的现实问题。

---

① 参见[日]但见亮:《中国公法与私法的关系——以"美浓部理论"为线索》,凌维慈译,载《交大法学》2013年第1期,第135、137~140页。

② 参见袁曙宏:《论建立统一的公法学》,载《中国法学》2003年第5期;姜明安:《公法学研究的几个基本问题》,载《法商研究》2005年第3期;杨解君:《公法(学)研究:"统一"与"分散"的统一》,载《法商研究》2005年第3期。

（一）实然层面的合法性：以修正主体说为界定标准

若要探讨我国《政府采购法》是否已经采用双阶理论，必须首先确立我国公私法的区分标准。虽然我国学术界至今仍对公私法区分标准缺乏一致的见解，但是德国的修正主体说可以作为有益的借鉴。事实上，梁慧星也认同修正主体说，即"公法与私法区分之基本标准在于，公法主体至少有一方是国家或由国家授予公权并以公权主体之身份参与法律关系者，私法主体都是个人、非公权者的团体或非以公权主体身份参加法律关系的国家或公权者"。①

本书主张，我国政府采购应区分为公私法性质不同的两个阶段：第一阶段是决定阶段，针对国家是否向供应商采购货物、工程或服务。这一阶段涵盖从发布采购文件到最终中标、成交之间的全过程。在这一阶段，采购人仅限于国家机关、事业单位、团体组织，并基于促成优化财政资金使用、宏观调控与廉政建设等公共目标而进行采购。采购人需要严格执行中央或地方批准的预算，并且必须依法保障采购程序的公开和公正，否则其相关责任人员将承担行政责任，甚至是刑事责任。可见，采购人是以公权力主体的身份实施采购，其行为属于公权力行

---

① 梁慧星：《民法总论》（第六版），法律出版社 2021 年版，第 34 页。

为，那么第一阶段法律关系的性质当属公法。此外，第一阶段是决定阶段，针对的是让谁中标的问题。采购活动中的民事损害赔偿请求权属于次生性权利（sekundärrecht），并不决定谁中标的问题，① 所以否定者所援引的《政府采购法》第 79 条的民事责任条款并不能作为判断第一阶段法律性质的理由。接下来，政府采购的第二阶段是履行阶段，针对国家如何向供应商采购货物、工程或服务。这一阶段涵盖从中标、成交之后到合同履行完毕之前的全过程。考察这一阶段《政府采购法》相关规范的性质，仍是取决于采购人拥有什么性质的权利与义务，意即政府采购合同的性质是什么。《政府采购法》第 43 条明确规定"政府采购合同适用合同法。采购人和供应商之间的权利和义务，应当按照平等、自愿的原则以合同方式约定"，这说明立法者已明确将政府采购合同中的权利义务关系确定为如买卖合同、承揽合同、服务合同等私法意义上的民事权利义务关系，所以政府采购合同应当被认定为民事合同。事实上，《政府采购法》立法起草小组所持的见解是："政府采购合同从整体上看属于民事合同，但也应该认识到政府采购合同的特殊性。"②这就是说政府采购合同是特殊的民事合同，但本质仍然是民事合同。在我国目前的司法实践中，政府采购合同也的确被认定为民事

---

① Vgl. Martin Burgi, Von der Zweistufenlehre zur Dreiteilung des Rechtsschutzes im Vergaberecht, NVwZ 2007, S. 739.

② 参见曹富国：《中国公共采购法》，Asialink 公共采购法项目 2010 年版，第 248 页。

合同，适用民事救济程序。① 所以，第二阶段的性质属于私法。综上所述，我国《政府采购法》适用双阶理论。

(二)应然层面的合理性：以新行政法学为分析框架

我国《政府采购法》是否应当采用双阶理论的问题是本书最重要的问题，因为这涉及双阶理论存续的正当性基础。若要回答这一问题，则必须首先弄清楚法律制度和法律理论存在的意义是什么。很显然，法律不是孤立于社会现实之外的教条，它必须适应社会变革的需要。自 2013 年以来，我国将推进国家治理现代化作为全面深化改革的总目标，因此行政法必须与时俱进，根据现实发展的需要不断进行自我调整。从这个角度来看，借鉴德国新行政法学思想，不再桎梏于公私法二元对立的窠臼，着眼于"行政正确"，灵活适用公法和私法，确保行政决定的合法性、最优性与行政相对人的可接受性，将是在我国法治领域推进国家治理现代化的有益尝试。下文将以新行政法学为分析框架，以"行政正确"为判断标准，分别检讨整体私法论、整体公法论和双阶理论在政府采购中的法律实施效果，从而明晰我国政府采购适用双阶理论的正当性依据。

---

① 参见最高人民法院(2013)最高法民申字第 1430 号；佛山市中级人民法院(2014)佛中法民一终字第 2031 号。

1. 对整体私法论的再认识

在政府采购合同的缔结过程中，采购人明显处于支配地位，其与供应商之间的地位并不平等。由于政府采购与优化财政资金使用、宏观调控与廉政建设等公共目标密切相连，所以立法者严格限制采购人在采购过程中的选择权，要求其必须依法执行中央或地方批准的预算，充分保障采购程序的公开和公正。这与民法上"意思自治""合同自由"等核心理念是冲突的。不过，是否可以采用德国的行政私法理论呢？需要注意的是，德国的行政私法理论最核心的是对宪法基本权条款的约束。我国宪法基本权研究薄弱，救济缺失，故不可能像德国一样，以宪法中的基本权条款约束政府采购。所以，从新行政法学的角度来看，将政府采购整体纳入私法并不符合"行政正确"的要求，其既可能有损《政府采购法》第 1 条与第 9 条所预设的公共目标的实现，也可能存在政府借"缔约自由"之名行不公平对待供应商之实，是故，整体私法论应当被拒绝。

2. 对整体公法论的再认识

如果将我国政府采购整体纳入行政协议关系，并不利于"行政正确"的实现。这是因为：其一，《行政诉讼法》仍然维持"民告官"的构造，也就是说作为采购人的政府，不能成为适格的原告，也不能反诉。若供应商突然无故拒绝履行合同或在合同履行中存在严重的过错，采购人虽然可以行使行政协议意义上的单方解除权，但是无法通过行政诉讼的方式要求供应商继续履行合同或寻求赔偿。其二，行政协议论者强调采购人应当享有行政协议的单方变更权与解除权，但是在我国目前仍欠缺成熟的行政协议制度的情形下，过分强调单方变更权与解除权必然导致行政权力的滥用，令公共利益和私人利益都无法得到切实的保障。其三，整体公法论者总是强调政府采购合同的公益性，但是公益目的的实现既可以借助行政协议，也可以借助民事合同。合同本身仅仅是一种手段，关键是要看哪种合同形式的实施效果更好。若强行将极其不成熟的行政协议法律制度作为实现公共采购所肩负的公益目的的手段，实在过于教条。综上所述，政府采购合同采用成熟民事合同的形式优于采用不成熟行政协议的形式。

3. 对双阶理论的再认识

最后考察双阶理论。需要注意的是，伊普森构建双阶理论的初衷是避免行政机关假借"国库行政"与"特别权力关系"规避司法审查，从而侵害私人利益。但是，传统行政法学要求将生活关系尽量涵摄在一个法律关系中，适用特定法律原则（依法行政或私法自治）。双阶理论违背了这一宗旨，自然饱受质疑。但是依据新行政法学，换个角度思考，不要将公法与私法对立，多从功能性的角度来考量问题，那么将一个生活关系分解成两个法律关系又有何不可呢？

重新审视政府采购，我国相对成熟的民事合同制度显然优于不成熟的行政协议制度。将政府采购合同认定为民事合同，对其履约争议适用民事救济途径，法律实施效果会更好，所以政府采购的第二阶段的性质就最好被认定为私法。因为政府采购合同一旦缔结，合同当事人本质上是平等的民事主体。作为合同一方的国家希望透过合同实现的公共利益并不必然高于作为合同另一方的供应商因为合同撤销所损失的利益。

反观第一阶段的采购活动，行政机关在这一阶段行使公权力，具有支配性的地位，并肩负重要的公共目标，那么就应当努力规范行政机关的权力行使，并通过行政诉讼的模式充分保障供应商的合法权益。正是因为第一阶段的公法属性，在前文所述的"朝阳区财政局撤销区政府采购中心案"中，朝阳区财政局撤销区政府采购中心的出发点绝对不能是让政府采购摆脱了行政色彩，令其充分市场化。若要将政府采购业务交由社会中介机构，则必须考察社会中介机构能否有效实现政府采购的公共功能，如果不能，就不能将业务交由社会中介机构，如果可以，那么必须明确北京市朝阳区财政局和社会中介机构的关系是行政委托关系，社会中介机构应当受到必要的公法规范的约束。再者，因为明确了第一阶段的公法属性，那么采购部门必须善尽信息公开的义务，确保采购过程的公平性和公正性。事实上，国务院在《2014年政府信息公开工作要点》中便强调，政府采购项目预算、采购过程、采购结果必须公开，而且要细化中标成交结果。① 此外，从诉讼法的角度来看，如果供应商认

---

① 参见国办发〔2014〕12号。

为存在评审舞弊的行为，按照《民事诉讼法》，举证责任归属于作为原告的供应商，这明显对供应商不利，但是按照《行政诉讼法》，将举证责任归属于行政机关，这将使得案件事实更容易查明，令供应商的合法权利得以有效救济，同时也有助于遏制采购部门的违法行为，提高采购活动的整体品质。所以，将政府采购第一阶段性质认定为公法，显然能更好地保护公共利益与供应商的合法权益，从而确保"行政正确"的实现。

综上所述，若遵循新行政法学分析框架，双阶理论较之于整体私法论和整体公法论，能更好地处理政府采购公权力特征与市场交易特征的关系问题，这不仅有助于提高政府采购的品质，也有助于增强对人民权益的保护。通过探讨双阶理论在我国政府采购法中的适用，可以看出行政法学就应当勇于跳脱出传统法教义学的思维，充分整合一切可以利用的法律资源，以更灵活有效的方式克服新时代的新问题。行政法不是一个封闭的体系，它一直在变革。

第四章
行政行为和民事法律行为的横向协动

行政法的体系化必须正视行政行为和民事法律行为的关系。除纵向协动外，行政行为和民事法律行为还会发生横向协动，最终生成私法形成性行政行为。所谓私法形成性行政行为（privatrechtsgestaltende Verwaltungsakte），是指基于法律规定，直接引发私法关系产生、变更和消灭的行政行为。由于私法自治不可能完全脱离国家管制，私法形成性行政行为成为国家干预社会生活、限制私法自治的关键手段，其目的是维护公共利益和矫正市场失灵。在德国法上，此种行政行为曾引发广泛讨论，其主要涉及国家管制与私法自治之间的关系。在我国法上，行政法学界对此种行政行为的研究尚不充分，而民法学界关于未经批准的民事合同效力问题的长期争议涉及了私法形成性行政行为的法律适用。要解决这一民法难题，离不开行政法的思考。因此，本书将考察私法形成性行政行为的正当性基础和运作机理，并以此为视角回应我国未经批准的民事合同效力论争。

一、 私法形成性行政行为的正当性基础

对正当性基础的叩问是思考一切法学问题的起点。只有一项法律制度具有正当性基础，才有对其实践运用展开研究的必要。私法形成性行政行为的正当性基础应从历史变迁的角度予以考察。19 世纪末，德国行政法巨擘奥托·迈耶（Otto Mayer）创设"行政行为"（Verwaltungsakt）这一概念，并将其定义为"行

政针对臣民所作出的，旨在个案中明确何种情形对臣民而言是合法的官权表示"。①行政行为涵盖警察处分、税捐决定与行政许可等多种行政执法活动，其属于行政机关最重要的行政行为方式。不过迈耶认为，行政行为只能产生公法效果，不可能直接产生私法效果。这是因为迈耶基于国家与社会严格二分的角度，认为公法是政治国家中控制公权力的强行法，私法是市民社会中实现意思自治的自由法，二者性质迥异，不能混合。②由此可见，迈耶不承认私法形成性行政行为的存在，并对私法自治持绝对捍卫立场。

帝国覆灭，共和新立。为解决一战战败引发的经济与社会危机，魏玛政府针对劳工、租赁以及土地所有权等矛盾尖锐的议题，采取积极的干预措施。这使得传统的私法关系在事实层面深受公权力干涉。基于此，埃尔温·雅各比(Erwin Jacobi)以国家公权力机关强制雇主缔结劳动合同为例，于1927年首创"私法形成性行政行为"的概念，指出行政行为可以创设私法效果。③ 但是同时代学者赫尔曼·布尔克纳(Hermann Bürckner)受迈耶学说的影响，认为行政行为本身并不应当产生私法效果，私法形成性行政行为的表述并不恰当。对此，布尔克纳主张采

① Vgl. Otto Mayer, Deutsches Verwaltungsrecht, Band I, 1. Aufl., Leipzig 1895, S. 95.

② Vgl. Otto Mayer, Deutsches Verwaltungsrecht, Band I, 3. Aufl., Berlin 2004, S. 13-17, 113-121.

③ Vgl. Erwin Jacobi, Grundlehren des Arbeitsrechts, Leipzig 1927, S. 416 f.

用"私法形成性国家行为"的概念，其涵盖法院对民事诉讼案件的裁判行为、法院对民事非诉案件的处理行为、行政机关作出的引发私法效果的国家行为(比如征收行为、房屋租金管制行为、对企业解雇残疾员工的许可行为)。其中对于行政机关作出的引发私法效果的国家行为，可以采用援引行政行为相关规定的方式加以规范，但是必须在个案中进行严格审查以确保援引的合目的性。①

工业化的推进使社会形态急剧变革，亦导致迈耶的学说进一步受到挑战。迈耶的学说实际是将国家定位为守夜人的角色，但是在工业社会中，人民已无法自给自足，国家应努力向人民提供水电、煤气、公共交通工具等满足社会生活所必需的生存照顾服务，所以公权力行政的范畴不能局限于传统的干预行政，而是必须全面扩展至生存照顾领域。② 1950 年，恩斯特·福斯特霍夫(Ernst Forsthoff)提出，国家应当积极主动地塑造社会秩序，而塑造这一社会秩序的重要手段便是私法形成性行政行为。③ 同时代学者恩斯特·鲁道夫·胡贝尔(Ernst Rudolf Huber)认为，在现代经济行政中，行政机关可以通过私法形成

---

① Vgl. Hermann Bürckner, Der privatrechtsgestaltende Staatsakt, Leipzig 1930, S. 10 ff., 62 f.

② Ernst Forsthoff, Die Verwaltung als Leistungsträger, Stuttgart und Berlin 1938, S. 1 ff.

③ 福斯特霍夫将私法形成性行政行为视为形成性行政行为的特殊形式。Vgl. Ernst Forsthoff, Lehrbuch des Verwaltungsrechts, München 1950, S. 54 f., 206.

性行政行为控制、管制与引导私经济秩序，私法形成性行政行为是"经济干预主义体系下的生存性标准"。① 可见，随着国家实际介入社会的程度不断加深，私法形成性行政行为终于被德国行政法学界全面接纳，并被视作给付行政时代国家干预市场的重要管制手段。

自 20 世纪 80 年代起，德国受英美新自由主义思潮的影响，兴起新公共管理运动。此时，私法形成性行政行为面临正当性悖论。一方面，新公共管理运动要求政府从市场中退出，公共治理应尽可能由社会自我完成，行政机关应避免通过行政行为这一高强度的国家管制手段对私法自治进行干预。另一方面，现实证明，纯粹由市场自我调节的真空环境在现代社会中并不真实存在，国家仍然有必要积极介入私法自治领域，以维护公共利益，保障弱势群体，比如国家应当通过行使市镇土地先买权，抑制土地投机，维持土地交易价格的稳定。对此，瓦尔特·穆勒耶恩奇(Walther Müller-Jentsch)认为，新公共管理运动所谓的"解除管制"其实是一种以市场为导向的管制，其本质还是管制。② 马丁·艾弗特(Martin Eifert)则主张，国家不可能从市场中完全退出，与其谈"解除管制"，不如谈如何实现"好的

① Vgl. Ernst Rudolf Huber, Wirtschaftsverwaltungsrecht, Tübingen 1953, S. 77.

② Vgl. Walther Müller-Jentsch, Strukturwandel der industriellen Beziehungen, 2. Aufl., Wiesbaden 2017, S. 70.

管制"，意即尽可能实现合适的、有效的国家任务履行。① 沃尔夫冈·霍夫曼·金（Wolfgang Hoffmann-Riem）则提出"交互支持秩序"（wechselseitige Auffangordnungen）的概念，即从功能互补的角度看待私法自治与国家管制的关系，将以实现个体利益为目标的私法和以实现公共利益为目标的公法交互使用，优化彼此功能，弥补各自不足。在霍夫曼·金看来，私法形成性行政行为是践行"交互支持秩序"最著名的例证，因为它一方面能够维持私法与公法的区分，不强求只能整体适用私法或公法；另一方面又能将私法与公法的目标信息传递给彼此，并产生相应的拘束力，从而提升公共治理的效能。②

在德国当代公共行政领域，私法形成性行政行为被视作极为重要的治理手段。以电信业为例，德国自 1989 年以来进行了三次重要的电信改革，其改革的方向是打破国家垄断，实现电信市场任务民营化，意即电信服务的提供不再是国家专属权限范围内的行政任务，而是完全交由市场完成的一般公共任务。然而，任务民营化并不意味着国家完全退出市场。在电信领域，原有的垄断机关尽管在民营化改革中转制为企业，但是仍然依

---

① Vgl. Martin Eifert, Regulierungsstrategien, in: Andreas Voßkuhle/Martin Eifert/Christoph Möllers（Hrsg.）, Grundlagen des Verwaltungsrechts, Band I, 3. Aufl., München 2022, § 19 Rn. 154.

② Vgl. Eberhard Schmidt-Assmann/Wolfgang Hoffmann-Riem（Hrsg.）, Öffentliches Recht und Privatrecht als wechselseitige Auffangordnungen, Baden-Baden 1997, S. 268 ff, 275.

靠市场支配地位，排斥电信市场新进业者。为解决这一问题，德国电信法发展出"不对称管制"（asymmetrische Regulierung）的概念，即允许国家对电信垄断企业所作出的电信网络接入决定与接入费决定进行强制审批，借此遏制电信垄断企业滥用市场支配地位的行为。这一强制审批便是私法形成性行政行为。[①]正是通过在电信民营化中引入私法形成性行政行为，才真正避免了垄断企业假借自由化改革来滥用市场优势地位的可能，从而在"加强国家垄断"与"放任自由竞争"两种极端化的改革思路之间巧妙寻求到了合适的平衡点，实现了"保护公共利益"与"促进市场竞争"的双重目标。[②]也正是基于如此重要的功能意义，文森特·布伦纳（Vincent Brenner）宣称私法形成性行政行为已成为"一般管制行政法的基石"。[③]

二、　私法形成性行政行为的运作机理

既然私法形成性行政行为具有制度正当性，并且对公共治理来说非常重要，那么便有必要对其运作机理进行法教义学上

[①]　Vincent Brenner, Der privatrechtsgestaltende Verwaltungsakt im Regulierungsrecht, Bern 2014, S. 320.

[②]　参见何源：《垄断与自由间的公用事业法制革新——以电信业为例》，载《中外法学》2016年第4期，第1094页。

[③]　Vincent Brenner, Der privatrechtsgestaltende Verwaltungsakt im Regulierungsrecht, Bern 2014, S. 344.

的进一步分析。明确其运作机理是为了确保其在实践中的正确运用。而之所以采用法教义方法，是为了对法律规范和法院裁判进行精确、系统的解释与整理，进而形成体系性的认知与理解。就私法形成性行政行为而言，需要对其行为类型、裁量方法、行为效力与行为废除进行探讨。

(一)行为类型

如果要对私法形成性行政行为进行体系化研究，那么首先应当将其类型化。类型化不仅有助于直观说明私法形成性行政行为的内涵与外延，而且有助于确立不同的法律适用标准。

1. 行为标的：归属形成性行政行为、债的形成性行政行为与团体形成性行政行为

行为标的是指私法形成性行政行为指向的私法关系。1950年，胡贝尔提出，依行为标的不同，私法形成行政行为可区分为所有形成性行政行为、合同形成性行政行为与团体形成性行政行为三种类型。[①] 行为标的是区分私法形成性行政行为的最直观标准。不过，胡贝尔的分类模式颇受质疑，因为所有形成性行政行为没有涵盖占有形成性行政行为(比如土地征收时的

[①] Vgl. Ernst Rudolf Huber, Wirtschaftsverwaltungsrecht, Tübingen 1953, S. 78 ff.

事前指定占有决定)，合同形成性行政行为没有涵盖单方民事法律行为形成性行政行为(比如企业解雇残疾员工的许可)。有鉴于此，胡贝尔创立的分类模式被曼弗雷德·本格尔(Manfred Bengel)修正为归属形成性行政行为、债的形成性行政行为与团体形成性行政行为三种类型。① 其中，归属形成性行政行为的标的是物权关系，常见形式有市镇土地先买决定、土地征收决定、土地征收时的事前指定占有决定、排除第三人物上请求权的建设许可。债的形成性行政行为的标的是债权债务关系，常见形式有农业用地或林业用地出让合同的许可、企业解雇残疾员工的许可、企业经济性裁员的许可、联邦网络管制局对电信网络设施接入决定或接入费决定的许可。团体形成性行政行为的标的是团体关系，常见形式有各州授予经济社团权利能力的决定、财团法人设立许可、联邦卡特尔局禁止企业合并的决定。②

2. 私人协力：辅助私法形成性行政行为与单独私法形成性行政行为

私人协力是指私人参与引发私法关系产生、变更与消灭的

---

① Vgl. Manfred Bengel, Der privatrechtsgestaltende Verwaltungsakt, Diss. Würzburg 1968, S. 136 ff.

② Vgl. Gerrit Manssen, Privatrechtsgestaltung durch Hoheitsakt, Tübingen 1994, S. 119 ff., 200 ff., 224 ff.; Katja Kiebs, Staatliche Regulierung durch Privatrechtsgestaltung, Diss. Chemnitz 2005, S. 123 ff.

法律效果。1968 年，本格尔提出，根据是否必须私人协力，私法形成性行政行为可区分为辅助私法形成性行政行为与单独私法形成性行政行为。① 前者是指必须经私人参与作成民事法律行为的协力，行政行为才能引发私法关系产生、变更和消灭的法律效果，比如行政机关在许可企业解雇残疾员工之前，企业必须作出单方终止劳动合同的决定。后者是指行政行为单独引发私法关系产生、变更和消灭的法律效果，无须私人参与作成民事法律行为的协力，比如土地征收决定、行政机关依职权撤销已生效的私法合同。② 将私人协力作为区分标准是为了明确宪法保障强度。对于辅助私法形成性行政行为，宪法上禁止过度侵害原则的适用更加严格。其理由在于，辅助私法形成性行政行为涉及的仅是民事法律行为的部分内容(比如效力要件)，民事法律行为的其余内容仍属于私法自治的范畴(比如成立要件)。换言之，较之于单独私法形成性行政行为，私法自治对辅助私法形成性行政行为作出的限制程度更高，行政机关不得过度干预私人协力作成民事法律行为之权利。③

---

① Vgl. Manfred Bengel, Der privatrechtsgestaltende Verwaltungsakt, Diss. Würzburg 1968, S. 119.

② Vgl. Vincent Brenner, Der privatrechtsgestaltende Verwaltungsakt im Regulierungsrecht, Bern 2014, S. 79 f.; Katja Kiebs, Staatliche Regulierung durch Privatrechtsgestaltung, Diss. Chemnitz 2005, S. 120 f.

③ Vgl. Gerrit Manssen, Privatrechtsgestaltung durch Hoheitsakt, Tübingen 1994, S. 285.

(二) 裁量方法

在法律授权范围内，行政机关可对私法形成性行政行为的作出进行裁量，意即行政机关对是否作出该行政行为或如何作出该行政行为具有自主决定权。问题在于，如果裁量行为产生私法效果，那么行政机关的裁量方法与一般意义上的裁量方法是否有所不同？在德国法上，这一问题的焦点是私法形成性裁量与管制裁量(Regulierungsermessen)的容许性之争。

1. 私法形成性裁量

争议之处首先在于，是否应容许私法形成性裁量的存在。黑森州高等行政法院在 2009 年 5 月 20 日的一份关于企业存款审批的判决中认定，"虽然《银行法》第 37 条第 1 款授权联邦金融监管机关作出私法形成性行政行为，但是联邦金融监管机关应当在裁量范围内充分地、正确地考量行政行为所产生的私法效果，并将投资者利益与可能的公共利益进行衡量"，而联邦金融监管机关在裁量时没有充分考量行政行为所产生的私法效果以及由此涉及的私人利益，因而所作成的行政行为存在裁量瑕疵，并构成违法。① 黑森州高等行政法院在这一判决中确立了私法形成性裁量的概念。该法院认为，"通过行政行为引发

① Vgl. VGH Hessen, Urt. v. 20. 05. 2009, Az.：6A 1040/08.

的权利产生效果与权利消灭效果乃是直接基于公法上的授权。
行政行为直接形成私法关系，无须通过私法的中介"，① 这导致
行政机关有义务在裁量时积极考量行政行为对私法关系可能造
成的实质影响，确保行政机关在对互相冲突的公共利益与私人
利益进行充分衡量的前提下作出适当、必要与均衡的决定。②

　　不过，联邦德国最高行政法院没有明确表示是否支持私法
形成性裁量，而是宣称《银行法》第 37 条第 1 款属于客观规范，
并认为该规范既没有赋予投资者主观公权利，也与私法关系的
存续无关，因而据此将黑森州高等行政法院的判决予以撤销。③
尽管如此，私法形成性裁量在理论上是值得肯定的，因为私法
自治不仅是私法的核心价值，也是宪法的保障内容。私法形成
性行政行为虽然是限制私法自治的国家管制行为，但是不应当
被任意行使。引入私法形成性裁量的概念，实际是提升私法自
治在裁量过程中所应被考量的地位。行政机关在裁量时，必须
充分考虑行政行为对私法关系的影响以及对私人利益的损害，
避免对人民基本权利(特别是合同自由权和职业自由权)进行不
合比例的限制。④

---

①　VGH Hessen, Urt. v. 20. 05. 2009, Az. : 6A 1040/08.

②　Vgl. Vincent Brenner, Der privatrechtsgestaltende Verwaltungsakt im Regulierungsrecht, Bern 2014, S. 244 f.

③　Vgl. BVerwG, Urt. v. 15. 12. 2010, Az. : 8 C 37. 09.

④　Vgl. Vincent Brenner, Der privatrechtsgestaltende Verwaltungsakt im Regulierungsrecht, Bern 2014, S. 246 ff.

2. 管制裁量

更大的争议在于，是否应容许管制裁量的存在。需知，德国传统行政法学严格区分不确定性法律概念和裁量。前者着眼于构成要件之判断，后者聚焦在法律效果之选择上。之所以作如此之区分是因为对构成要件之判断，通常存在唯一正解，司法机关原则上可以对不确定性法律概念的解释进行审查（判定余地属于例外情形）；对法律效果之选择应尊重行政机关的决定，除非存在裁量瑕疵，否则司法机关不得介入。[①]

然而在电信法等现代管制行政法领域，构成要件与法律后果往往相互勾连，难以区分。这尤其体现在电信法中的私法形成性行政行为之上，比如联邦网络管制局对电信网络设施接入决定或接入费决定的许可。依照《电信法》第21条的规定，联邦网络管制局在作出上述私法形成性行政行为时，应以《电信法》第21条第1款所列举的衡量准则（比如技术上或经济上的使用承载力、维护长期竞争的必要性等）为基础，充分考量网络接入义务是否证立、接入义务是否与《电信法》第21条第2款列举的管制目标相符（比如保障无绑定的宽带接入、保障终端交流互通性实现的必要条件等），而裁量本身也被纳入《电信法》

①　Vgl. Eckhard Pache, Tatbestandliche Abwägung und Beurteilungsspielraum, Tübingen 2001, S. 57; Thomas Mann/Christoph Sennekamp/Michael Uechtritz (Hrsg.), VwVfG Kommentar, Baden-Baden 2014, §40 Rn. 77 f.

第 21 条第 1 款与第 2 款的构造。① 很显然，《电信法》第 21 条的规定使构成要件与法律后果的界分十分困难，这导致不确定性法律概念和裁量的二分法难以继续适用。对此，联邦德国最高行政法院在 2007 年 11 月 28 日的裁判中提出："法律所规定的行政决定过程往往因为规范内容的复杂性和动态性而变得模糊，对行政决定理解的具体化是如此的困难，以致法院的司法审查会逾越司法裁判自身的功能界限……所以，本院推断法律赋予了行政机关决定特权。"②正因如此，联邦德国最高行政法院创设管制裁量的概念，让联邦网络管制局在作成高度复杂的私法形成性行政行为时，不必纠结于不确定性法律概念与裁量的区分，而在充分衡量公共利益和私人利益的基础上，尽可能最优实现管制目标，并且其判断/裁量过程原则上不受司法审查的干预。③

不过，管制裁量的正当性备受质疑。管制裁量本质上是将不确定性法律概念和裁量模糊化处理，赋予行政机关更为宽广的、不受法院介入的自主决定空间。尽管联邦德国宪法法院认定管制裁量并不违宪，④ 但是学界的反对声异常强烈。比如，

---

① Vgl. Markus Ludwigs, Das Regulierungsermessen als Herausforderung für die Letztentscheidungsdogmatik im Verwaltungsrecht, JZ 2009, S. 291.

② BVerwG, NVwZ 2008, S. 577.

③ Vgl. Thomas Würtenberger, Entscheidung über den Marktzugang nach Regulierungsermessen?, GewArch 2016, S. 7.

④ Vgl. BVerfG, NVwZ 2012, S. 694 ff.

克劳斯·舍嫩布罗谢尔(Klaus Schönenbroicher)批评道："如果仅仅因为某项裁决的作出看上去非常复杂(与耗费时间),便允许行政法院从相应的法律领域开溜,那么这对于法治国而言是无法承受的伤害。"①克劳斯·费迪南·盖尔迪茨(Klaus Ferdinand Gärditz)则指出:"(我们)必须避免基于个人自由和法治国理念而形成的一般行政法被所谓的管制法以新集权主义的方式扭曲……管制法不是竞争规划法。它维护的重点是竞争自由,而自由的保障与有效的法律救济密不可分。"②可以说,管制裁量是德国行政法学上最具争议的概念之一。能否将其广泛运用于高度复杂的私法形成性行政行为之上仍有待观察。

(三)行为效力

私法形成性行政行为的效力是指该行政行为的规制内容所欲实现之法律效果,具体应是对其指向的民事法律行为的形成效果。对此应厘清的是:在私法形成性行政行为作出之前,其指向的民事法律行为究竟是无效、效力待定,还是已经生效?在私法形成性行政行为作出之后,其对民事法律行为的效力是溯及既往还是面向未来?

---

①　Thomas Mann/Christoph Sennekamp/Michael Uechtritz (Hrsg.), VwVfG Kommentar, Baden-Baden 2014, §40 Rn. 64.

②　Klaus Ferdinand Gärditz, Regulierungsermessen und verwaltungsgerichtliche Kontrolle, NVwZ 2009, S. 1010.

1. 行政行为作出前：民事法律行为自身的效力

争议之处首先是，行政行为在作出之前，其指向的民事法律行为究竟是无效、效力待定还是已经生效？对此，魏玛共和国最高法院在 1927 年 1 月 22 日作出裁判：若农业土地出让合同需要行政许可，则未经许可的土地交易行为处于效力待定的状态，但对交易双方存在拘束力。不过，由于土地出让方存在规避行政许可的明显恶意，所以土地受让方可以通过留置权的行使要求土地出让方返还土地出让价款。① 从该判决可以作出两点推论：其一，若已作成的民事法律行为缺失必要的行政许可，则该民事法律行为虽然处于效力待定的状态，但对当事人具有拘束力。其二，若民事法律行为的一方当事人存在规避行政许可的明显恶意，则另一方当事人有权撤销该民事法律行为，并可以主张民法上的返还请求权。事实上，联邦德国最高法院在行政许可与民事法律行为关系的裁判中与魏玛共和国最高法院持相同立场。② 然而由法院裁判形成的"效力待定论"在德国法上仅适用于双方(或多方)民事法律行为，并不完全适用于单方民事法律行为，比如企业解雇残疾员工的决定需经行政机关许可。在行政机关许可作出之前，企业单方终止残疾员工劳动合同的行为并非效力待定，而是无效，意即解雇决定对残疾员

① Vgl. RG, Urt. v. 22. 01. 1927, Az. : V 191/26.
② Vgl. BGH, NJW 1960, S. 1810

工并无任何拘束力。①

2. 行政行为作出后：对民事法律行为的效力

进一步的争议在于，如果私法形成性行政行为在民事法律行为成立之后作出，则该行政行为对民事法律行为的效力（形成效果）是溯及既往还是面向未来。德国早期有观点认为，《民法典》有关追认（比如监护人事后同意限制民事行为能力人签订的合同）的规定可以适用于行政许可。既然《民法典》第184条第1款规定"除另有规定外，追认的效力溯及至民事法律行为作成时"，那么行政许可的效力原则上也应当溯及至民事法律行为作成时。② 对此，魏玛共和国最高法院在1929年2月21日的裁判中指出：《民法典》有关追认的规定"不能直接适用于国家行为性质的行政许可……是否能将土地取得许可视作民事法律行为所附带之法定消灭条件或解除条件，目前可以暂且不论……土地取得许可决定是否具有追溯力取决于立法者通过设立行政许可所期望实现的公共目的……私人利益不属于立法者考虑的范畴……若行政机关通过作出拒绝许可的决定，判定整个民事法律行为具有公共危害性，则该民事法律行为为当然自始

---

① Vgl. Katja Kiebs, Staatliche Regulierung durch Privatrechtsgestaltung, Diss. Chemnitz 2005, S. 247 f.

② Vgl. Staudinger BGB Kommentar, Berlin 2014, Vorbem zu §§182-185 ff. Rn. 62. 在德语中，民法上的"追认"与行政法上的"许可"均使用"Genehmigung"一词。

无效，因为立法者并不希望具有公共危害性的法律行为在行政机关作出之前的中间时期具有法律拘束力。与之相反，若行政机关通过作出准予土地取得的许可，判定私人之间的协议与公共利益相符合，则国家并不存在禁止私人执行约定的利益；不过原则上，当事人的意志将如此进行：法律行为自成立起应当具有拘束力"①。由此可见，魏玛共和国最高法院认为，行政许可的效力原则上溯及至民事法律行为成立时，但是之所以存在溯及力并不是依据民法上关于追认的规定，而是基于行政行为本身所蕴含的公共目的。联邦德国最高法院在 1960 年 6 月 15 日的裁判中明确支持魏玛共和国最高法院的立场。②

　　然而，魏玛共和国最高法院的见解是否适用于所有私法形成性行政行为，理论上仍存在异议。格里特·曼森（Gerrit Manssen）认为，私法形成性行政行为是否具有溯及力的问题不能一概而论。要解决这一问题，应当依照不同事务领域的特殊性在个案中具体判断。③ 本格尔提出，私法形成性行政行为是否具有溯及力，关键取决于是否须经私人协力：如果是单独私法形成性行政行为，那么其效力仅对将来发生。如果是辅助私法形成性行政行为，那么其效力应当溯及既往。④同时，本格尔

---

① RGZ 123, 330 f.

② Vgl. BGH, NJW 1960, S. 1810.

③ Vgl. Gerrit Manssen, Privatrechtsgestaltung durch Hoheitsakt, Tübingen 1994, S. 277.

④ Vgl. Manfred Bengel, Der privatrechtsgestaltende Verwaltungsakt, Diss. Würzburg 1968, S. 138.

强调，上述区分并不完全适用于企业解雇这一单方法律行为。行政机关许可企业解雇孕妇的决定一律没有溯及力，这是因为孕妇需要得到劳动法的特殊保护。① 但是行政机关许可经济性裁员决定的效力却可以溯及至企业向行政机关递交裁员申请之时，这是因为企业的经营利益是行政机关作出许可经济性裁员决定的关键原因，而许可经济性裁员决定对企业而言是授益性行政行为。②

（四）行为废除

私法形成性行政行为的废除包含违法的私法形成性行政行为的撤销和合法的私法形成性行政行为的废止。需要回答的问题是：既然私法关系需要被保护，那么是否应当容许事后废除对该私法关系产生形成效果的行政行为？如果容许废除，那么该废除对已形成的私法关系是否产生效力？如果产生效力，那么是溯及既往的效力，还是面向未来的效力？

1. 废除是否应当被容许

德国早期判决与学说认为，行政行为适用自由撤销原则，

---

① Vgl. Manfred Bengel, Der privatrechtsgestaltende Verwaltungsakt, Diss. Würzburg 1968, S. 139 f.

② Vgl. Katja Kiebs, Staatliche Regulierung durch Privatrechtsgestaltung, Diss. Chemnitz 2005, S. 248 f.

行政机关原则上可以任意撤销违法的行政行为，但是私法形成性行政行为不同于普通的行政行为，为了维护私法上的交易秩序，保障交易安全，即使私法形成性行政行为存在违法情形，原则上也不能被撤销。① 魏玛共和国最高法院在 1921 年 10 月 29 日的裁判中指出，如果行政许可被撤销，那么已生效的民事法律行为可能会变为不生效，而这会引发"不可承受的法不安定性"。②随后，魏玛共和国最高法院在 1923 年 1 月 3 日的裁判中指出："行政机关一般而言不受所作决定的约束，并有权撤销行政行为。但是该原则受到很多限制……如果被许可的企业实际正在履行民事法律行为或受益第三人的权利因为实际履行而受到影响，那么行政行为不得撤销。"③对此，布尔克纳在 1930 年提出，对于私法形成性国家行为，适用一般禁止废除原则。一般禁止废除的本质是对私人权利的信赖保护，即若行政行为使得私人获得某一主观权利，则所生成的(私法)法律状态具有可保护性。只要私人没有过错，行政机关原则上不得以废除处理行为的方式剥夺私人已获得之权利。④不过，马丁·布林格(Martin Bullinger)在 1957 年指出，一般禁止废除固然是基于

---

① Vgl. Hermann Bürckner, Der privatrechtsgestaltende Staatsakt, Leipzig 1930, S. 93 ff.

② Vgl. Udo Steiner, Bindungswirkung und Bestandskraft der fingierten Bodenverkehrsgenehmigung, DVBL 1970, S. 36.

③ RG, Urt. v. 03. 01. 1923, Az.: V 390/22.

④ Vgl. Hermann Bürckner, Der privatrechtsgestaltende Staatsakt, Leipzig 1930, S. 79 f., 93 ff.

信赖保护，但是信赖保护的判定并非根据行政行为是否令私人受益，而是基于该行政行为是否导致私法关系变动，若存在变动，则信赖保护条件自然成就，该行政行为不得被废除。[1] 1975年，鲁茨·施密特（Lutz Schmidt）提出"消耗理论"。他认为：撤销与废止理论上应当是通过消除旧的行政行为的法律效果来影响私法关系。问题在于，引起某一私法关系产生的行政行为本身只是私法效果的原因，它与民法上意思表示的性质类似，换言之，既然私法关系已经生成，那么形成该私法关系的行政行为便已经终结（Erledigung），意即行政行为已不复存在，后续的撤销与废止根本不可能实现。[2]

然而自 20 世纪 50 年代中期起，德国实务界与理论界逐步放弃自由撤销原则，认为普通的授益性行政行为的撤销应当受信赖保护原则的限制。[3] 德国联邦内政部与各州内政部在起草1963 年《模范行政程序法草案》的过程中，亦认为行政行为的废除应当充分考量当事人的信赖利益。1976 年公布实施的《联邦行政程序法》将信赖保护纳入行政行为撤销与废止的相关条款，并赋予行政机关合义务裁量的权限。[4] 正因为普通行政行为适

---

①　Vgl. Martin Bullinger, Die behördliche Genehmigung privater Rechtsgeschäfte und ihre Versagung, DÖV 1957, S. 761（763 f.）.

②　Vgl. Lutz Schmidt, Unmittelbare Privatrechtsgestaltung durch Verwaltungsakt, Diss. Bielefeld 1975, S. 187.

③　Vgl. Hartmut Maurer/Christian Waldhoff, Allgemeines Verwaltungsrecht, 20. Aufl., München 2020, §11 Rn. 21.

④　参见严益州：《德国〈联邦行政程序法〉的源起、论争与形成》，载《环球法律评论》2018 年第 6 期。

用的自由撤销原则被否定，私法形成性行政行为适用的一般禁止废除原则便日益受到质疑。1970 年，乌多·史坦纳（Udo Steiner）提出，私法形成性行政行为的撤销固然受信赖保护限制，但是行政机关必须以个案判断的方式甄别公共利益在具体法律关系中所处的地位。如果公共利益的保护较私人利益的保护更具有优先性，那么行政机关可以撤销私法形成性行政行为。所以，一般禁止废除原则是不成立的。① 联邦德国最高行政法院在 1977 年 8 月 12 日的裁判中采纳了史坦纳的见解，全面否定了一般禁止废除原则，并论证如下：其一，如果要废除私法形成性行政行为，那么必须对私人的信赖利益与国家的公共利益进行衡量。一般性禁止废除原则过度强化了对私人利益的保护，其结果必然不利于公共利益的维护。其二，行政行为的私法形成效力依个案不同，其内容、范围与意义必然有所区别，对公共利益与私人利益的各自影响亦迥然相异。一刀切式的禁止废除不仅会损害公共利益，而且有悖于个案正义。基于此，联邦德国最高行政法院认为，私法形成性行政行为不适用一般禁止废除原则，而应当适用《联邦行政程序法》第 48 条与第 49 条关于行政行为撤销与废止的一般性规定。② 对于私法上的交易安全，行政机关应当依据上述规定，将其纳入信赖保护的范

---

① Vgl. Udo Steiner, Bindungswirkung und Bestandskraft der fingierten Bodenverkehrsgenehmigung, DVBL 1970, S. 38.

② Vgl. BVerwG, NJW 1978, S. 339.

畴，并进行合义务裁量。①

2. 废除是否对已形成的私法关系产生效力

既然容许废除私法形成性行政行为，那么该行政行为形成的私法关系是否也应当相应消灭呢？部分德国学者认为，废除对已形成的私法关系不产生影响。其理由是，私法形成性行政行为作出之后，民事法律行为"几乎在私法中得以解放"，公法上的行政行为与私法上的法律行为之间的联系已经消解。② 不过，这一观点在德国法上已经过时。戴安娜·查哈里亚斯（Diana Zacharias）指出，废除对已形成的私法关系不产生影响的前提是，行政行为产生的私法后果与行政行为本身应当是分离的，然而该前提并没有说服力。行政行为的构成要件之一是直接产生法律后果。所形成的私法关系正是行政行为直接产生的法律后果。废除行政行为当然包含消灭行政行为所产生的法律后果，意即应当包含消灭行政行为所形成的私法关系。若承认私法关系继续存在，将导致废除这一概念失去法教义学上本身的意义。③

---

① Vgl. Diana Zacharias, Rücknahme und Widerruf von Vertragsgenehmigungen, NVwZ 2002, S. 1308.

② Vgl. Martin Bullinger, Die behördliche Genehmigung privater Rechtsgeschäfte und ihre Versagung, DÖV 1957, S. 761（764）.

③ Vgl. Diana Zacharias, Rücknahme und Widerruf von Vertragsgenehmigungen, NVwZ 2002, S. 1308.

　　需注意的是，瓦尔特·勃林格（Walter Böhringer）认为，如果土地出让合同需经行政许可（比如农业用地出让合同），且土地出让已进行不动产登记，那么废除行政许可不影响已被许可的土地出让的效力。① 其依据在于：其一，不动产登记具有公示公信效力，这导致行政机关依据《联邦行政程序法》第49条进行裁量时，必然难以作出废除土地出让合同许可的决定。其二，德国奉行物权行为理论，负担行为与处分行为截然分离。即使废除土地出让合同许可导致负担行为（土地出让合同）无效，也不会影响处分行为（土地所有权移转）的效力。②然而，这一论证存在问题。不动产登记公示公信效力虽然导致土地出让合同许可难以废除，但是不代表行政许可绝对不能被废除，更不代表废除土地出让合同许可对民事法律行为不产生影响。与此同时，土地出让合同许可并不适用物权无因性原则，其效力既涉及负担行为，也涉及处分行为。土地出让合同许可与土地所有权移转直接相连，不可分割。关键在于，新形成的土地所有权关系本身是否依赖行政许可的存续。若是，则该许可的废除将消灭土地出让的物权效力。③

---

① Walter Böhringer, Genehmigungspflichtige Rechtsgeschäfte nach der Grundstücksverkehrsordnung, DTZ 1993, S. 143.

② Vgl. Walter Böhringer, Genehmigungspflichtige Rechtsgeschäfte nach der Grundstücksverkehrsordnung, DTZ 1993, S. 143; Diana Zacharias, Rücknahme und Widerruf von Vertragsgenehmigungen, NVwZ 2002, S. 1308.

③ Vgl. Diana Zacharias, Rücknahme und Widerruf von Vertragsgenehmigungen, NVwZ 2002, S. 1308.

3. 废除对已形成的私法关系产生何种效力

既然废除将消灭已形成的私法关系，那么接下来的问题是：废除所产生的效力是溯及既往，还是面向未来？依照《联邦行政程序法》第48条与第49条的规定，如果撤销的是违法的行政行为，那么撤销的效力原则上溯及既往，例外下面向未来；如果废止的是合法的行政行为，那么废止的效力原则上面向未来，例外下溯及既往。① 基于信赖保护的必要，撤销与废止的效力不能一概而论，其需要在个案中进行单独判断。②不过，查哈里亚斯提出，对于民事合同的许可行为而言，撤销许可的行为是许可反向行为，被许可的民事法律行为由未决的不生效转为无效。就法律效果而言，行政机关进行的公法上的撤销与民法上的撤销并无差异，二者均具有溯及既往的效力，已受领的给付应按照不当得利的规则予以返还。③

在实务中，德国法院将第三人对行政行为所形成的私法关系的信赖视作撤销仅产生面向未来效力的特殊事由。比如巴伐利亚州高等行政法院在2005年10月12日的裁判中认为，虽然受益人对某财团法人的设立存在欺诈，并且该财团法人成立许

① Vgl. Diana Zacharias, Rücknahme und Widerruf von Vertragsgenehmigungen, NVwZ 2002, S. 1308.

② Vgl. Vincent Brenner, Der privatrechtsgestaltende Verwaltungsakt im Regulierungsrecht, Bern 2014, S. 214 f.

③ Vgl. Diana Zacharias, Rücknahme und Widerruf von Vertragsgenehmigungen, NVwZ 2002, S. 1308.

可决定的违法性可归责于受益人，但是出于行政许可本身的私法效力与基于社会公众对财团法人权利能力的信赖值得保护，仍然应当认定对财团法人成立许可的撤销仅具有面向未来的效力。① 在此，巴伐利亚州高等行政法院没有将受益人而是将第三人（社会公众）对行政行为私法效果的信赖作为否定撤销该行政行为具有溯及既往效力的关键理由。可见，保护善意第三人和保护交易安全是德国司法实践中确定撤销是否具有溯及力的重要因素。

三、 私法形成性行政行为的本土应用

国家管制介入私法自治已成为现代社会的常态。如何协调管制与自治的关系是我国法学界需要慎重考虑的核心议题。探讨私法形成性行政行为，有助于回应这一问题。在当代中国，私法形成性行政行为大量存在，例如矿业权转让合同审批②、国有划拨土地使用权转让审批③、民办学校的设立审批④以及商业银行、保险公司、基金管理公司 5% 以上股权变更审批⑤等。

---

① Vgl. VGH München, Entscheidung v. 12. 10. 2005, Az.: 5 BV 03. 2841.

② 《探矿权采矿权转让管理办法》第 10 条。

③ 《城市房地产管理法》第 39 条。

④ 《民办教育促进法》第 12 条。

⑤ 《商业银行法》第 28 条、《保险法》第 84 条、《证券投资基金法》第 14 条。

需要注意的是，民法学界长期争论的未经批准合同的效力问题实际上涉及私法形成性行政行为的法律适用。单纯从私法角度思考此问题可能会过于狭隘。本书立足私法形成性行政行为原理，尝试解决这一民法难题。

（一）制度沿革

关于未经批准合同的效力问题，我国制度实践经历了持续的发展与变化。改革开放伊始，我国民法受计划经济制度的影响，并不承认合同自由原则。例如，1981年《经济合同法》第7条明确规定，违反法律和国家政策、计划的合同无效。据此，实务中的一般观点是，须经批准而未获批准的合同一律自始不生效力，当事人不受无效合同的拘束。1983年施行的《中华人民共和国中外合资经营企业法实施条例》第23条进一步规定，"合营一方如向第三者转让其全部或部分出资额，须经合营他方同意，并经审批机构批准……违反上述规定的，其转让无效"。最高人民法院在1987年发布的《关于适用涉外经济合同法若干问题的解答》中指明，"涉外经济合同有下列情形之一的，应当确认无效：……我国法律和行政法规规定应当由国家主管机关批准成立的合同未经批准的，或者其重大变更或权利义务的转让未经原批准机关批准的"。这些规范反映出我国早期对待未经批准合同的严格管制立场。背后的动机是，在社会经济转型初期，国家仍然希望通过强化管制措施来维护对市场交易秩序的控制力。

1992 年，我国宣布实行社会主义市场经济。为了建立与其相适应的法律体系，立法者启动了统一合同法的起草工作，并在 1999 年颁布了《合同法》。这部民事法律承认合同自由原则，不再将未经批准的合同一律视为无效，缓解了国家管制对私法自治的过度干预。《合同法》第 44 条第 2 款规定，"法律、行政法规规定应当办理批准、登记等手续生效的，依照其规定"。同年，最高人民法院公布的《关于适用〈中华人民共和国合同法〉若干问题的解释(一)》(以下简称《合同法解释一》)第 9 条进一步规定，"法律、行政法规规定合同应当办理批准手续，或者办理批准、登记等手续才生效，在一审法庭辩论终结前当事人仍未办理批准手续的，或者仍未办理批准、登记等手续的，人民法院应当认定该合同未生效"。应当看到，最高人民法院引入了"未生效"的概念，目的在于提供一种更为灵活的处理方式，允许各级人民法院在一定期间内视情况变化进行最终裁判。如果当事人在合理期间内办理了批准手续，那么未生效的合同可以成为有效合同。如果当事人在合理期间届满时未办理批准手续，那么未生效的合同可以被确认无效。如果当事人未办理批准手续的情形尚未逾越合理期间，那么未生效的合同不应被自动视为无效，而是应根据情况的发展决定其效力。① 尽管立

---

① 参见崔建远：《我国合同效力制度的演变》，载《河南省政法管理干部学院学报》2007 年第 2 期，第 34~35 页。

法者的初衷是减少国家对合同效力的直接干预，但是《合同法解释一》缺乏如何促使未生效合同转为有效合同的具体规定，这导致未生效合同在实践中常被推定为无效，使得立法目的并没有充分实现。①

为了解决上述问题，最高人民法院 2009 年公布的《关于适用〈中华人民共和国合同法〉若干问题的解释(二)》(以下简称《合同法解释二》)第 8 条规定："依照法律、行政法规的规定经批准或者登记才能生效的合同成立后，有义务办理申请批准或者申请登记等手续的一方当事人未按照法律规定或者合同约定办理申请批准或者未申请登记的，属于合同法第四十二条第(三)项规定的'其他违背诚实信用原则的行为'，人民法院可以根据案件的具体情况和相对人的请求，判决相对人自己办理有关手续；对方当事人对由此产生的费用和给相对人造成的实际损失，应当承担损害赔偿责任。"不同于先前的司法解释规定，《合同法解释二》第 8 条允许相对人自行办理批准手续，即使合同尚未生效，报批义务也独立存在，相对人可代替报批义务人履行报批义务，以推动未生效合同向有效合同的转化。然而在实际操作中，若报批义务人拒不配合，则相对人自行报批通常难以获得主管部门的批准，这使得《合同法解释二》第 8 条的实

---

① 参见最高人民法院民法典贯彻实施工作领导小组：《中华人民共和国民法典合同编理解与适用》(一)，人民法院出版社 2020 年版，第 295 页。

施效果并不理想。① 不少法院仍然倾向于将未经批准的合同判定为无效。②

2010 年，最高人民法院出台的《关于审理外商投资企业纠纷案件若干问题的规定(一)》提出了一种新的思路。该司法解释第 1 条规定："当事人在外商投资企业设立、变更等过程中订立的合同……未经批准的，人民法院应当认定该合同未生效。当事人请求确认该合同无效的，人民法院不予支持。前款所述合同因未经批准而被认定未生效的，不影响合同中当事人履行报批义务条款及因该报批义务而设定的相关条款的效力。"这一规定首次明确承认报批义务条款及相关条款的独立生效，完善了未生效合同向有效合同转化的机制。2017 年，最高人民法院出台的《关于审理矿业权纠纷案件适用法律若干问题的解释》也全面采纳了该思路，将其适用于矿业权转让合同。最高人民法院 2019 年通过的《九民纪要》进一步将这一思路扩展适用于所有类型的民事合同，并对报批义务的释明、当事人履行报批义务后合同获得批准或未获批准的后果等问题作出了详细规定。实践证明，将报批义务条款规定为独立生效可以使得未经批准的合同不再被法院轻易认定为无效。③

---

① 参见最高人民法院民法典贯彻实施工作领导小组：《中华人民共和国民法典合同编理解与适用》(一)，人民法院出版社 2020 年版，第 295 页。

② 参见杨永清：《批准生效合同若干问题探讨》，载《中国法学》2013 年第 6 期，第 167 页。

③ 刘贵祥、吴光荣：《〈民法典〉合同编法律适用中的思维方法——以合同编通则解释为中心》，载《法学家》2024 年第 1 期，第 60 页。

2020 年公布的《民法典》吸收了最新的制度经验，在未经批准合同的效力问题上设置了未生效制度，并规定了报批义务条款的独立性。《民法典》第 502 条第 2 款规定："依照法律、行政法规的规定，合同应当办理批准等手续的，依照其规定。未办理批准等手续影响合同生效的，不影响合同中履行报批等义务条款以及相关条款的效力。应当办理申请批准等手续的当事人未履行义务的，对方可以请求其承担违反该义务的责任。"最高人民法院 2023 年出台的《民法典合同编通则解释》第 12 条在整合《九民纪要》第 37 条至第 40 条的基础上，对未生效合同的效力和判令履行报批义务后的情形进行了细化规定。其中，《民法典合同编通则解释》第 12 条第 2 款规定，"人民法院判决当事人一方履行报批义务后，其仍不履行，对方主张解除合同并参照违反合同的违约责任请求其承担赔偿责任的，人民法院应予支持"；第 4 款规定，"因迟延履行报批义务等可归责于当事人的原因导致合同未获批准，对方请求赔偿因此受到的损失的，人民法院应当依据民法典第一百五十七条的规定处理"。按照最高人民法院民二庭和研究室编写的释义书观点，报批义务在本质上属于基于诚信原则产生的先合同义务，违反报批义务的当事人承担的是缔约过失责任。[①] 这种缔约过失的赔偿数额可以非常接近于违约责任的赔偿数额，但是"这仍然是数额

---

①　参见最高人民法院民事审判第二庭、研究室编著：《最高人民法院民法典合同编通则司法解释理解与适用》，人民法院出版社 2023 年版，第 161 页。

计算问题而非责任定性问题"。①

(二)理论分歧

在学理上，关于未经批准合同的效力存在四种代表性观点：无效说、有效说、未生效说、效力待定说。每种观点各有其理论依据，对它们进行系统梳理和总结有助于探索更加合理的解释方案。

1. 无效说

无效说主张未经批准的合同无效。比如，刘俊臣认为，批准是合同生效的必要条件，其核心目的是审查合同的合法性，防止合同违反法律和公共秩序以及损害国家利益和社会公共利益。因此，批准机关主要审查合同约定的权利义务关系是否合法，以及这些约定可能对国家、社会及第三方造成的影响。如果合同不符合批准的标准，那么应被判定为无效。②

李仁玉等学者认为，批准是法定形式要件，根据原《合同法》第52条第5项属于法律、行政法规的强制性规定。未经批

---

① 最高人民法院民事审判第二庭、研究室编著：《最高人民法院民法典合同编通则司法解释理解与适用》，人民法院出版社 2023 年版，第 148 页。

② 刘俊臣：《合同成立基本问题研究》，中国工商出版社 2003 年版，第 144 页。

准的合同缺少法定形式要件，违反了强制性规定，应被认定为无效。当然，合同的无效性可以通过补正制度予以缓和。比如，如果一方当事人恶意不履行报批义务并且拒绝履行其他合同义务，法院可以基于诚实信用原则，认定缺乏法定形式的合同有效，从而避免无效可能带来的不公平后果。此外，对《合同法解释一》第9条作出反对解释可知，如果当事人在一审法庭辩论终结前完成了批准手续，那么合同应为有效。这一解释结果体现出合同无效的补正可能性，但补正的效果不能对抗善意第三人。①

2. 有效说

有效说主张须经批准的合同在获得批准前已经有效。比如，蔡立东认为，行政审批与合同效力不应当绑定，行政审批的法律意义应仅限于控制合同的履行，而非直接影响合同的效力。即便合同未获得必要的行政审批，只要合同本身不存在其他效力瑕疵，它仍然可以被认定为有效。这种解释方案旨在最大限度地尊重当事人对彼此权利义务的自主安排。通常情况下，报批义务由当事人承担，而行政机关的批准行为则是合同实际履行的前提。未经批准的合同只能构成法律上的履行不能，进而触发违约责任和免责机制，重新分配当事人间的利益和责任。

①　参见李仁玉等：《合同效力研究》，北京大学出版社2006年版，第226~228页。

如果合同因审批未通过而导致法律不能，那么当事人在无免责事由时，应当承担赔偿损失的违约责任。将行政审批与合同效力脱钩，可以避免法律体系内部的逻辑紧张，助推合同机制的有效运作；防止过度限制自由，真正符合比例原则；合理分配风险与负担，防范机会主义行为。总之，应当使行政审批与合同效力完全分离，并将行政审批对民事法律行为的影响限定在合同履行环节。[①]

马新彦认为，行政审批与合同效力之间并无必然的逻辑关系。她将行政审批分为两类：一类是以国有资产为标的，如国有企业资产和国家拥有的自然资源(矿产、海洋石油等)的合同审批；另一类是以非国有资产为标的，如市场准入资格和股权变动的合同审批。[②] 对于以国有资产为标的的合同，所谓的"审批"实际上是国家行使其所有权的行为，而不是真正意义上的行政审批。将这种"审批"视作行政审批相当于否认国家主管机关对国家所有权的行使，也间接否定了国家所有权本身。因此，以国有资产为标的的合同审批不应受民事合同法的调整。对此类未经批准合同的效力进行讨论缺乏实际意义。对于以非国有资产为标的的合同，其效力应由私法的内在规定和基本逻辑来决定，不应受到行政审批的干预。民事主体对民事法律行为效

---

① 参见蔡立东：《行政审批与权力转让合同的效力》，载《中国法学》2013 年第 1 期，第 63~67 页。

② 参见马新彦：《论民法对合同行政审批的立法态度》，载《中国法学》2016 年第 6 期，第 260 页。

力的自主决定权是重要的基本权利，公权力应保护而非控制这一权利。如果合同内容确实损害国家主权或社会公共利益，那么应直接按照违反强制性规定处理，无须额外考察行政审批是否完成。① 只有将合同效力彻底绝缘于行政审批，才能确立《民法典》的权威性和恢复私权的真正面貌。②

3. 未生效说

未生效说主张未经批准的合同因欠缺特别生效要件而构成未生效。比如，王轶认为，未生效是一种独立的合同效力类型，其与生效、效力待定、可撤销和无效等情形有明显区别。未生效的本质在于合同尚未完全生效，即部分条款已经生效，部分条款尚待生效，这些已生效的条款以推动整个合同完全生效为目的。只有当所有生效要件都满足时，合同才能完全生效。生效要件没有全部满足，并不意味着合同损害公共利益或严重违法。在未生效的合同中，包括报批义务在内的部分合同条款已经生效。如果当事人未履行报批义务，那么应当承担违约责任。通过将合同定性为未生效，可以证成报批义务具有合同效力，防止当事人在合同生效对其不利时故意不进行报批，损害相对人的利益。这种解释方案旨在明确合同生效的渐进过程，保护

---

① 参见马新彦：《论民法对合同行政审批的立法态度》，载《中国法学》2016 年第 6 期，第 266~272 页。

② 参见马新彦：《论民法对合同行政审批的立法态度》，载《中国法学》2016 年第 6 期，第 276 页。

善意相对人的合法权益，促使合同双方忠实履行合同义务。[①]

王利明认为，未生效合同特指当事人未履行法定或约定的审批义务，导致合同尚未产生效力。与无效合同不同，未生效合同本身并无违法之处，其只是因为未完成必要的审批手续而存在程序瑕疵。法院可以责令当事人履行报批义务，补正程序瑕疵，从而使合同满足生效要件。采用未生效的概念，有助于促进合同生效，符合合同法鼓励交易的规范目的。在这一解释框架下，报批义务条款具有独立性，类似于合同中的清算条款和仲裁条款。即使合同因未完成批准程序而未生效，报批义务条款仍应被视为有效。这是因为行政审批作为政府管理经济的手段，目的在于加强对特定行业和领域的管理，而非禁止其活动。如果报批义务条款在合同未获批准之前不生效，那么当事人便可能选择不履行报批义务，这相当于否认了报批义务的必要性。考虑到当事人的缔约目的是希望合同有效并得以履行，报批义务条款应当生效，使法院能要求当事人继续履行合同，实现缔约目的。[②]

4. 效力待定说

效力待定说主张须经批准的合同在获得批准前构成效力待

---

①　参见王轶：《合同效力认定的若干问题》，载《国家检察官学院学报》2010年第5期，第151、153~154、160页。

②　参见王利明：《民法典合同编通则中的重大疑难问题研究》，载《云南社会科学》2020年第1期，第82~83页。

定。比如，杨永清认为，未经批准合同与效力待定合同在最主要的特征上是相同的，即合同一旦成立，其最终效力还需依赖其他行为或事实的介入。在不增加合同效力类型的情况下，利用既有类型解决问题是更加合理的做法。从比较法的视角来看，在德国法中，无论是须经私法追认的合同，还是须经公法批准的合同，都是须经同意方能生效，因此二者都属于效力待定的合同。将未经批准的合同纳入效力待定合同范畴，可以突出它们的主要特点，表明合同在获得批准之前不具备完全的法律效力。这种分类方法可以清楚地界定未经批准合同的法律地位，表明其在批准之前处于未生效状态，批准之后则完全有效。该思路能够在维持传统合同效力类型的同时妥善回应未经批准合同的效力问题，为实务操作提供了有益指导。①

朱广新认为，未经批准的合同属于典型的效力待定合同，因为此种合同的生效与否依赖合同成立后的其他法定行为或事实。法规范设置的批准性规定在绝大多数情况下属于控制性许可，其目的在于确保个人的行为自由不违背实体法的要求，而非普遍禁止私主体的自主行为。因此，未遵守批准性规定的合同不应被直接认定为无效。同样，直接认定此种合同有效的观点也会使行政许可制度的目的完全落空。只有采用效力待定的模式，才能恰当平衡批准性规定对行为自

---

① 参见杨永清：《批准生效合同若干问题探讨》，载《中国法学》2013 年第 6 期，第 169~171 页。

由的控制。① 此外，将未经批准的合同认定为"未生效"的观点只是一种消极的陈述，其并未积极指明合同应归属于何种效力类型。② 更准确地说，未经批准合同的效力在学理上应被称为"未定的不生效"，即如果最终获得批准，那么合同将被认定为有效；如果最终未获批准，那么合同将被确认为无效。我国民法学界所称的"效力待定"就是"未定的不生效"，其应与"未定的生效"明确区分。采用效力待定的概念，能够清晰揭示合同未经批准时的效力状态。③

（三）应然选择

在未经批准合同的效力问题上，民法学界存在较大争议。从行政法的视角分析，可以提供新的理解方式。行政机关对民事合同的批准行为是典型的私法形成性行政行为。国家通过此种行为介入私法自治，主要目的是保护公共利益。根据是否需要私人协力的区分标准，批准行为属于辅助私法形成性行政行为。这意味着私法自治对批准行为的限制程度较高，行政机关

---

① 参见朱广新：《合同法总则研究》（上册），中国人民大学出版社2018年版，第241页。

② 参见朱广新：《合同法总则研究》（上册），中国人民大学出版社2018年版，第240页。

③ 参见朱广新：《合同未办理法定批准手续时的效力——对〈中华人民共和国合同法〉第44条第2款及相关规定的解释》，载《法商研究》2015年第6期，第87~88页。

不应过度干预私人形成民事合同的权利。在判断批准行为与合同效力的关系时，可以引入行政法上的比例原则，从而确保手段与目的之间达到平衡，最小化国家管制对私法自治的干预。本书将依次按照"适当性—必要性—均衡性"的考察顺序，评估无效说、有效说、未生效说、效力待定说这四种管制方案是否符合比例原则。

1. 适当性

适当性是指国家所采取的措施必须有助于达成目的。无效说、有效说、未生效说、效力待定说四种管制方案代表了行政行为对民事合同效力的不同调控形式。其中，无效说、未生效说和效力待定说均能通过适当性审查，因为这些方案都能确保民法上的主合同义务在行政机关批准前不发生效力，从而实现批准行为的管制目的，防止当事人以私法自治的名义规避必要的行政监管。

然而，有效说无法满足适当性的要求。此种管制方案试图切断合同效力和批准行为之间的关系，令批准行为的影响限定在合同履行阶段。该做法过度强调私法自治，忽视了批准行为在合同缔结阶段的重要作用。立法者要求私人之间缔结的民事合同获得第三方行政机关的批准，目的是通过批准行为对合同缔结进行必要控制，从而保护国家需要实现的公共利益。如果允许当事人在未经批准的合同中依据主合同条款行使权利，那么会使得行政监管被实际绕过，损害公共利益。① 在现代社会中，绝对的私法自治并不存在，国家对合同效力进行限制是正常现象，关键在于限制程度是否合理。将国家管制完全排除在合同效力判定之外，导致的结果是当事人仅能依靠合同解除制度来阻止合同履行。这不仅不利于保护公共利益，而且变相鼓励当事人根据行政审批对自身的利弊来决定是否办理批准手续，进而诱发恶意规避审批程序的行为。总之，有效说无法达成批准行为的管制目的，理应被排除适用。

2. 必要性

必要性是指如果有多种措施均可实现同一目的，那么国家应采取对公民权利侵害最小的手段。无效说是将批准行为视为合同的一般生效要件，实现了国家对合同行为的绝对控制，并且"直接、彻底甚至绝对地否定当事人的私权形成结果"。② 这种管制方案反映了计划经济时代行政权对市场交易活动的全面限制，而这种限制不仅不当干预当事人对自身利益的合理安排，而且严重背离市场经济发展的实际需求。在无效说的框架下，合同自由形同虚设，市场经济难以有效运作。无效说对当事人合意的限制过于苛刻，以至于实践中合同当事人可以随时撕毁

① 参见吴光荣：《中国民法语境下"合同效力"的层次性》，载《现代法学》2024 年第 1 期，第 178 页。

② 朱广新：《合同未办理法定批准手续时的效力——对〈中华人民共和国合同法〉第 44 条第 2 款及相关规定的解释》，载《法商研究》2015 年第 6 期，第 85 页。

已经订立的合同，而报批义务人也可以随意不履行报批义务。这将引发合同交易秩序紊乱和信赖危机。[①] 综上，无效说是限制当事人合同权利最严重的手段，显然不符合必要性要求，因而不应被采纳。

与无效说不同的是，未生效说与效力待定说均试图在私法自治与国家管制之间找到平衡点。从制度发展的角度看，立法者目前倾向于采用未生效说，这主要是一方面为了使主合同条款不生效力，以避免合同行为逾越管制目的；另一方面使报批条款独立生效，以遏制报批义务人恶意不履行报批义务的行为。问题在于，不少学者将未生效视为独立的效力类型，并将其与效力待定区分开来。按照他们的观点，未生效合同的部分条款已生效，部分条款尚待生效，因此违反报批义务的当事人应当承担违约责任。[②] 然而，报批只是完成批准手续的前提，并不保证当事人一定能获得行政机关的批准。关于报批义务的约定实际上是当事人为应对合同能否生效的不确定性风险而作出的预备性安排，其目的是通过确定由谁来向行政机关提出批准申请，降低合同生效与否的不确定性风险。此外，约定的报批义务人与实际的报批义务人在实践中可能会出现不一致的情况。因此，报批义务不应被视为一种合同义务，而只是一种推动合

---

①　参见马新彦：《论民法对合同行政审批的立法态度》，载《中国法学》2016 年第 6 期，第 259 页。

②　参见王轶：《合同效力认定的若干问题》，载《国家检察官学院学报》2010 年第 5 期，第 160 页。

同向生效方向发展的先合同义务。① 基于这些理由，违反报批义务的法律后果应当是缔约过失责任，而非违约责任。如果根据前述学者所谓的未生效说进行裁判，那么未履行报批义务的当事人需要承担更重的违约责任，这对其合同权利的限制显然较重。因此，至少以违约责任为结果的未生效说无法通过必要性的审查。

相比而言，效力待定说对当事人合同权利的限制程度最轻。这一管制方案可以恰当处理私法自治和国家管制的关系，因为效力待定的合同在被批准之前也是处于未生效的状态，这既保留了当事人自主决定的空间，又避免了与国家管制目的的冲突。同时，效力待定说可以克服未生效说的理论缺陷。在该框架下，合同整体尚未生效，所以不会产生合同义务的履行问题，但是报批义务人基于诚实信用原则，应当忠实履行先合同义务，其中包括报批义务。即使实际的报批义务人和约定的报批义务人不一致，实际的报批义务人仍应履行报批义务，因为报批义务是法定义务，而非单纯的约定义务。出于法政策的特殊考量，在特定情形下，违反报批义务的赔偿范围可以参照适用违约责任的规定，包括实际损失和可得利益。这表明，效力待定说具有灵活性，法院可以根据具体案件的情况进行实际调整，而不是严格按照违约责任的标准要求当事人赔偿。综上，效力待定

① 参见朱广新：《论不履行报批义务的法律后果》，载《法治研究》2022年第2期，第60~61页。

说是对当事人合同权利限制最轻的管制方案，可以通过必要性审查。

3. 均衡性

均衡性原则是指国家所采用的措施造成公民权利的侵害和所欲达成的目的之间不能显失均衡。在这一阶段，需要考察采用效力待定说所侵害利益的保护价值是否大于所维护利益的保护价值。效力待定说侵害的利益主要体现为未经批准而直接生效的合同所带来的契约利益，而该管制方案维护的利益则是批准行为所欲实现的公共利益。采用效力待定说的优势在于，它在保护公共利益的同时，允许当事人继续寻求审批，使得合同有可能在未来生效，从而不至于令当事人丧失对合同效力的预期。应当看到，批准行为的目的是对市场交易进行适度控制，而不是禁止市场交易。在国家尚未行使同意权之前，应避免过早判断市场交易有效或无效。由于合同处于效力待定状态，当事人基于诚实信用原则，应当履行先合同义务性质的报批义务。报批义务的履行并不直接导致合同生效，因为行政机关可能作出不予批准的决定。不履行报批义务应引起缔约过失责任性质的损害赔偿，并且法院不宜按照违约责任的规定强制报批义务人履行报批义务。[①] 在赔偿问题上，如果按照交易惯例，合同

----

① 参见朱广新：《论不履行报批义务的法律后果》，载《法治研究》2022年第2期，第65页。

获得批准的可能性非常高，那么相关的赔偿数额可以接近违约责任的数额，即按照合同生效且被正常履行时所能获得的可得利益来衡量。若合同获得批准的可能性较低，则赔偿数额原则上应限于实际损失。通过这种方式，效力待定说可以有效平衡契约利益和公共利益之间的紧张关系，防止国家管制对私法自治的过度干预。因此，效力待定说应被认定为符合均衡性要求。

综上所述，只有效力待定说最终通过了比例原则的审查。虽然我国法律采用未生效的概念，但是本书认为，应将实定法上的"未生效"视为效力待定的下位类型或特殊类型，而非与之平行的效力类型。最高人民法院民二庭和研究室在 2023 年编写的释义书中将违反报批义务的后果明确为缔约过失责任。① 这也间接说明，将未生效作为独立于效力待定的类型并无必要。不过需要注意的是，一般的效力待定合同在私人追认后可溯及既往地发生效力。然而，对于批准生效的合同，批准行为的效力究竟是溯及既往，还是面向未来，不能一概而论。② 对于批准行为是否产生溯及力的问题，应当结合具体的管制目的和合同权利，继续根据比例原则进行考察，具体分析批准行为发生

---

① 参见最高人民法院民事审判第二庭、研究室编著：《最高人民法院民法典合同编通则司法解释理解与适用》，人民法院出版社 2023 年版，第 148 页。

② Vgl. Gerrit Manssen. Privatrechtsgestaltung durch Hoheitsakt，Tübingen 1994，S. 291.

效力的时间点。可见，行政法的理念贯穿于未经批准合同效力问题的处理中。这不仅凸显了跨法领域研究的重要性，而且有助于推动行政法的体系化。

结　　论

本书主要探讨行政法体系化的两个核心问题：一是行政法法典化，这关乎行政法体系的内涵塑造。法典化可以整合现有的概念和规范，形成井然有序、层次分明的行政法体系。它不仅有助于明确行政法的核心价值观，而且通过逻辑和价值的融合，促使行政机关在合目的性的指引下作出科学理性的行为，妥善保障公民的基本权利。二是行政行为和民事法律行为的关系，这涉及行政法体系的外延扩展。行政法并非封闭的法律系统，它需要与其他学科持续交流和互动。传统上，行政法作为公法的一部分，其体系建构主要依据公法原理。然而在现代社会中，随着公法与私法的交叉耦合日益显著，行政法的体系建构面临新的挑战。深入研究行政行为和民事法律行为的关系，可以有效拓展行政法体系，使其更能充分回应现实生活的复杂需求。

在探讨行政法法典化时，本书在宏观和微观两个层面进行了分析。从宏观层面来看，德国行政法法典化的历程展示了三种主要路径：行政法总则法典化、行政程序法典化和去法典化。

这一议题在德国引发了广泛而激烈的讨论。最终，德国立法者以务实的态度选择了行政程序法典化，显著降低了法典化过程中的阻力，并成功制定了至今被视为典范的《联邦行政程序法》。关于行政法法典化，我国行政法学界目前正在讨论四种不同的模式：单行法先行模式、行政法总则模式、行政基本法典模式和行政程序法典模式。本书建议我国立法者选择行政程序法典模式。我国行政立法长期采用程序主义进路，已经积累了丰富的经验。将共通的程序性规定予以法典化，立法难度相对适中，面临的阻力也相对较小。当然，行政程序法典化必定涉及一定数量的实体法规范，因为程序法与实体法不可完全分离。坚持行政程序法典模式的优势在于，程序主义可以作为筛选标准，有效选择与程序密切相关且迫切需要法典化的实体法内容，从而使法典体量保持均衡，避免实体规范泛滥，适应行政法体系的动态变化。

　　行政法法典化离不开微观层面的探索。本书选择无效行政行为作为切入点，因为无效行政行为是最严重的违法行政行为，其相关立法是行政法法典化的核心内容。在德国行政程序法典化过程中，立法者曾面临两种模式的选择：一是明显重大说主导的统一模式；二是明显重大说和客观重大说并用的混合模式。最终，德国采用了后者。不过，本书并不赞同混合模式，理由是该模式无法充分实现行政法体系的融贯性。在中国行政法法典化进程中，立法者应当采用重大且明显违法标准主导的统一模式。尽管这种模式可能引发明显性要件的适用争议，但通过解释论可以克服这一问题。比如，将行政行为违法性区分为事实认定和法律评价两个层面，使明显性要件主要适用于法律评价，并对事实认定不必过度强调明显性。在明确统一模式的立法思路后，需要进一步厘清重大且明显违法标准的概念内涵和类型构造。就概念内涵而言，应采用实质论的立场，将重大且明显违法标准纳入利益衡量论的视野下考察，即对重大违法应采用法秩序根本抵触说，对明显违法应采用一般理性人标准。在类型构造方面，应在法典化中注重无效类型与撤销类型的融贯性，将无效类型视为撤销类型的极端情形。通过用这种思考方法，可以增强规则之间的内在关联，促进行政法体系的理念整合。

除行政法法典化外，本书还探讨了行政行为和民事法律行为的关系。二者的交叉耦合包含纵向协动和横向协动两种类型。纵向协动的典型形式是双阶理论。随着行政法的发展，德国学者对双阶理论的理解也在不断变化。当公权力行政向给付行政和引导行政全面扩展时，双阶理论因其有效解决私法形式的公权力行政受公法约束的问题而得到广泛支持。随着行政私法理论的提出，传统行政法学不再青睐双阶理论，认为它会造成法律内部逻辑的混乱，然而，随着新行政法学的兴起，公法与私法的关系逐渐从对抗走向合作，行政法的分析方法也由教义学的形式推理转向对法律实施效果的具体判断。基于此，以灵活性为主要特征的双阶理论被认为明显胜过刻板僵硬的行政私法理论。德国行政法学的最新发展为双阶理论在我国的适用提供了有益的借鉴。关于政府采购的性质，我国目前存在整体公法论、整体私法论和双阶理论等不同观点。较之于整体私法论和整体公法论，双阶理论能够更好地处理我国政府采购中公权力特征与市场交易特征的关系问题。它不仅有利于遏制行政权力的滥用、增强对人民权益的保护，也有助于提高政府采购的品质、优化法律适用的实施效果。采用双阶理论这种差异化处理的方法，可以使行政法体系保持活力，增进其应对社会现实的调控能力。

　　行政行为和民事法律行为的横向协动形式主要表现为私法形成性行政行为。德国传统行政法学曾认为国家管制与私法自治截然对立，作为国家管制手段的私法形成性行政行为会干预私法自治，令公法与私法混同，所以不应存在。然而，随着工业化的推进，纯粹的私法自治已显得不切实际，国家必须对经济生活进行干预，以实现必要的公共目标、保障弱势群体的利益。因此，私法形成性行政行为被德国行政法学逐步接纳。20世纪80年代兴起的新自由主义思潮曾一度使私法形成性行政行为面临正当性危机。对此，德国新行政法学者提出了"交互支持秩序"的概念，主张应从功能互补的角度重新审视国家管制与私法自治的关系，认为私法形成性行政行为因有助于实现这种功能互补而应该被继续适用。在当今德国，私法形成性行政行为已成为重要的国家治理手段，并被广泛引入市场经济领域。由此可见，国家管制介入私法自治领域是历史发展的必然趋势。将管制机制与自治机制调和并进，才是对待公法与私法关系的正确态度。在我国，私法形成性行政行为同样存在争议，如未经批准合同的效力问题。目前，民法学界存在无效说、有效说、未生效说和效力待定说等不同见解。解决这一争议的关键在于明确国家管制与私法自治之间的关系，其中引入行政法的比例原则进行分析不失为有效方法。经比较可知，只有效力待定说符合比例原则的要求，故应当成为未经批准合同效力的最佳解释方案。这表明，通过公法和私法的跨学科对话，可以有效协调现代社会中国家和个人的关系，促进行政法体系向更加开放和多元的方向发展。

探讨行政法的法典化以及行政行为和民事法律行为的关系并非行政法体系化研究的全部。未来还有大量议题值得行政法学界继续探索。不论结果如何，行政法的体系化都至关重要。它能将零散的概念和规范形塑成一个充满生命力的有机整体，从而产生复利效应，使人们能够以更科学的视角理解行政法。严密的逻辑结构彰显出体系化的目的追求，即通过形式理性的规则体系实现实质理性的价值体系。这背后蕴含的是现代人文主义精神，其最终目标是维护人的尊严和保障人的主体性。为了实现这一目标，我国学者必须持续推动行政法的体系化。虽然探索的过程可能充满挑战和争议，甚至可能遭遇误解和困境，但只要坚持正确的方向和采取适当的方法，我们就必然能找寻出符合国情的体系化路径。在时代的洪流中，学者既是创造者，也是被创造者。未来充满不确定性，但是学术作为一项公共事业，始终需要源源不断的力量促进其发展和完善。尽管大多数学者会被历史所忽略，但他们的每一分努力都为行政法的体系化奠定了坚实基础。